バカになる勇気

資本主義を無視して
豊かになる29の方法

池田親生
Chikao Ikeda

きずな出版

JN064977

はじめに

――らしく生きるために必要な勇気

「おまえはバカか？」と言われた、すべての挑戦者への応援歌として、この本を書くことにしました。それは「らしくいられる生き方」を手に入れたボクが、それをつくってくれた20代、30代のボクに向けた感謝の気持ちでもあります。

これまでの自分をふり返りながら、「そのときの自分ナイス！」っていう気持ちと、そのときのボクが、いまのボクを見て、「めちゃカッコイイ」と思ってもらえるように、これからも「バカになる勇気」を持ち続ける誓いでもあります。

「この本が誰かの背中を押せるように」

それを願いながら、いや、その願い、想いがあったからこそ書けた本だと言えます。

親に反対されたり、友達には「よくわからない」と言われ、恋人には「やめてほし

い」と言われ、信頼している先輩には「それはうまくいかないよ」と言われたりした

としても、それでも、やるしかなかった、それしかないと思った──そんな経験が、

あなたにもあるんじゃないかな。

そのとき、「誰もわかってくれない」と落ち込むこともあるかもしれないけど、で

も、じつは、あなたに向けられた数々のダメ出しは、すべて、「自分の人生」に問わ

れていることなんだと思います。

「険しい道だよ。それを本当に、オマエはやれるのか?!」

考えれば考えるほど、やらないほうがいい理由が見つかるんだと思う。

過去、それをやって多くの人がうまくいかず、挫折し、諦めた道であり、その屍み

たいなものが、そんなダメ出しの言葉として、世の中に多く転がっているんだろうか

ら。

好きなことで生きていくって、キラキラした響きだけど、その道は、そうじゃない

道よりも険しい。

でも、それだからこそ、やる価値のあるものなんだろう。

誰も、あなたの人生の、あなただけの風景を見たことがないし、見ることができない。でも、たまにいるのよ、その自分だけの風景を見つけたやつらが。

挑戦して、反対され、それでもガムシャラに前に進んでいると、そんな人たちと出会えることがある。やたらポジティブで、やたら「うまくいく」って言ってくれて、やたら無償《むしょう》で応援してくれて、やたら仲間想いの人たち。

そんな人たちと出会い始めたら、勝ったも同然。

彼らは、かつて、そういう道を選び、自分だけの風景を見てきた人たちだから。

自分だけの人生を歩んでいる人たちだから。

その険しさを知ってる人は、挑戦者に優しい。

それは、挑戦することの価値を誰よりも知っているし、応援者なくして、その道を歩めないことも知っているから。

未知への道を歩めば、世の中に「バカ」と言われることも知っているから。

何より、その道が幸せであることを知っているから。

たくさんの人と壁打ちしながら、この本を書いているときに、後輩に聞かれました。

「これって、親生《ちかお》さんになれる本ですか?」

って。とっさに「違うよ」って答えたけど、それに続いて降りてきたのは、

「オマエが、オマエでいられるための本だよ」

という言葉だった。

自分だけの人生を歩むために、ボクが、その時々に振《ふ》り絞《しぼ》った勇気たち。

きっと、これから挑戦したい人の栄養にもなれると思うし、ちょっとした、どこかへ行くときの暇つぶしにもなると思うから、ぜひ最後まで読んでみてよ。

そして、なんか面白いやつだなって思ってもらえたら、作品も見てみてよ。インスタのＱＲ載せとくからいつでもＤＭしてよ。縁があったら世界のどこかで、酒でも飲みながら、一緒にバカやろう。

池田親生

資本主義を無視して豊かになる29の方法

01 ▼▼▼ 1日29分だけでも変えてみよう!
02 ▼▼▼ 自分の「カッコよさ」を極める
03 ▼▼▼ やりたかったら、いますぐ小さな一歩を
04 ▼▼▼ 頼まれごとは試されごと
05 ▼▼▼ トラブルを楽しもう
06 ▼▼▼ 幸せを求めるとわからなくなる
07 ▼▼▼ コンサルなんかよりも大事なもの
08 ▼▼▼ 説教よりも前にやること

09 ▼▼▼ 多数決で決めない
10 ▼▼▼ デキる大人についていこう！
11 ▼▼▼ こだわりをこじらせない
12 ▼▼▼ 迷惑で役割をつくろう
13 ▼▼▼ 神様とは対等に
14 ▼▼▼ ストーリーはヒストリーから
15 ▼▼▼ 10パーセントは意味ないことを
16 ▼▼▼ 仕事の目的は仲間づくり
17 ▼▼▼ すべてを信じるか、すべてを疑うか
18 ▼▼▼ 「どうすればカッコイイか」だけでいい
19 ▼▼▼ 「失敗してもいい」と言える仲間を持とう

20 目的地より大事なものがある
21 自由であるためのスキルを身につける
22 「反省」より「成功のイメージ」
23 誰かのわがままを自分ごとに
24 風呂敷は大きいほうがいい
25 相手の短所も受け入れる
26 解決できないことは笑いに変える
27 稲妻が落ちたところは豊作になっていく
28 社会に求められることをやればいい
29 小さな路地をつくっていこう

目次

はじめに――らしく生きるために必要な勇気　002

第1章　人生を決めるものは何か

Topic 01　きゅうりの本質　017
Topic 02　人生の主人公って何だ？　023
Topic 03　「やりたい」を「やる」に変える72時間　029
Topic 04　0・2秒ルール　037
Topic 05　ハッピーの語源　043

第2章

お金に困らない生き方

Topic 06 ブータンに行って考えた 051
Topic 07 ポケットの中の唐揚げ 057
Topic 08 ミーハーでいい 065
Topic 09 みんなのいいはどうでもいい 071
Topic 10 大人を味方につける術 079
Topic 11 逃げてもいい、投げ出してもいい 087

第3章

自分を幸せにする仕事

Topic 12 人間が本当に死ぬのは役割がなくなったとき 095
Topic 13 彼女を取られた話 103
Topic 14 モノではなくモノガタリ 111

第4章

問題は必ず解決できる

Topic 15 訳のわからない招待状 119
Topic 16 効率化の先は作業でしかない 125
Topic 17 矛盾をあわせ持つ 131
Topic 18 博愛主義者であり八方美人 139
Topic 19 扉には鍵がかかっていない 145
Topic 20 未来からの招待状 153
Topic 21 同じ教科書はいらない 161
Topic 22 反省はしなくていい 169
Topic 23 わがままは資産 173

第5章 ボクらの未来は明るい

Topic 24 わからないものが美しい 179
Topic 25 カッコワルイほうが愛される 185
Topic 26 裏でホメる 191
Topic 27 稲妻の法則 197
Topic 28 お金は勝手に降ってくる 203
Topic 29 疲れたら別ルートに 209

おわりに——これからの自分を楽しんでいこう 212

バカになる勇気

資本主義を無視して豊かになる29の方法

第1章
人生を決めるものは何か

01

1日29分だけでも変えてみよう!

Topic 01

きゅうりの本質

どこかで「きゅうりは98パーセントが水分だ」という文章を見つけたときに、ふと、その残りの2パーセントが気になった。

その「ふと、気になった」にしっかり焦点を当てて考えてみると、「きゅうり」を「きゅうり」と決めているものは、その2パーセントなのだと気がついた。

物事の大事なことは、見えないけれど、そんな部分に宿っているのだろう。

お釈迦様《しゃかさま》は、人生は「ほぼ苦《く》」だと説いているけども、人生を人生と決めているのはその「ほぼ」ではない。

逆に考えても面白い。宇宙のほとんどは、わかられていない。なのに、その数パーセントにも満たない地球に住むボクらが、何かをわかったように暮らしているのは、とても滑稽《こっけい》だなと思う。それと同時に、その宇宙を宇宙と決めている大事な存在なのかもしれない。

ボクらは「ちかけん」という竹あかりをつくるチームをつくり、いろいろな場所でまちづくりをしている。やればやるほど大きなものを変えていくことは難しい。壁にぶち当たることも多い。

だけど、大きなものを変えることではなくて、まちをまちと決めている「大事な2パーセント」の部分にアプローチできれば、理想のまちに変化させていけるって思えると、なんだか希望を持てるよね。

江戸時代から明治時代に変わったとき、歴史に名を残した人たちって、どのくらいいたと思う？　答えは４０００人。これを多いと見るか少ないと見るか。

そのときの日本の人口は４０００万人だったらしく、数字的に見ると1万人に１人が本気を出せば、時代すらも変えられるってこと。
たった、0・01パーセントだよ。ちょろくない？

いま、あなたが変えたいものってある？　学校？　会社？　社会？
本気になれば、「きゅうり」を「トマト」にできるくらいの力を、ボクらは持っている。

「人生」で考えてみると、また面白い。
1日の2パーセントは29分。まずは、そこから変えてみる。
1か月の2パーセントは0・6日。
ということは、1日29分を変えてみると、1か月が変わるってこと。
逆算すると1か月が変わると、50か月が変わるってこと。
そう考えると、人生を変えることってめちゃめちゃ簡単だよね。

その「大事な2パーセント」を探し出し、何かを変化させるために、ボクは打席に立ち続けている。

何回も祭りをやっていく中で、びっくりするようなところで何かが当たったり、いきなり広がっていくタイミングがある。

その中心に触れた瞬間に広がっていく感覚は、すべての物事に通じると思う。

その瞬間をつかみに行く方法は、正直ボクにもまだ見えてはない。だから、いま確実に言えるのは、「とにかくより多くの打席に立つ」ってこと。

誰でも、ボクでも、一人で2パーセントを見つけるのは難しい。

だから、まだ出会っていない仲間も含めて、いろんな仲間と一緒に打席に立ち続け、先に進んでいきたい。

やってみてうまくいかないときは声かけてよ。ボクに。

あなたの1か月を預《あず》けてみてよ。

絶対、面白くしてみせるから。

02

自分の「カッコよさ」を極める

Topic
02

人生の主人公って何だ？

「正しいより、楽しいを選ぶ」って、たまに聞いたりもする。

だけど、みんな「そっちのほうがいいな」って思いつつ、なんだかんだ、正しいほうを選ぶ。それが、社会な気がしている。だから、若い人たちから「どうすれば、そうなれますか」って質問が日々くるのだろう。

初めに、「好きなことをして生きていく人生」は、「好きなことを我慢して生きていく人生」より、はるかに過酷《かこく》だということを伝えたい。

その上で、そのためにいちばん必要なものは、ノウハウでもメンターでもない。

それは、「覚悟《かくご》」。

何があっても、やり遂げる。

何を言われても、やり遂げる。

「何が起きても楽しむ覚悟」が、いちばん重要なもの。


好きなことで生きていこうとすると、必ず問われる。

友達に、「オマエ、それお金になるの?」とか。

親に、「親戚に恥ずかしいから、そういうことやめて!」とか。

彼女に、「それ以上続けるなら別れる」とか。

もちろん、ボクが竹あかりで起業するときは、親からも、いろんな大人からも反対された。でも、ボクは楽しい、イキな職業だと思った。だから、いまも続けている。

誰かに反対されたとき、それは、あなたの人生があなたに問うているんだよね。

何かと天秤にかけたときに、それでもあなたはそれをやっていくのか、やれるのかを。

そのとき、どう答える？

頭の中で考えた正しいことでは、とてもその問いに答えられないときが来る。

心が楽しいって言ってくれている、それだけで、その問いに答えられるときが来る。

そして、人生に問われたときにいちばん重要なのは、「ボクの人生の主人公のボク」にとって、主人公としての「カッコよさ」が、そこにあるかどうか。

歴史を調べてみると、『ワンピース』の主人公みたいに、イカれた大人たちがたくさんいる。

ある自動車会社の社長も、その一人。

その社長がアメリカからすごい機械を輸入することになった。でも、その機械の値段が高すぎて、全社員が「この機械を入れたら、うちの会社はそのまま潰《つぶ》れてしまいますよ」って反対したらしい。

そこで、その社長は、なんて言ったと思う？

「いや、この機械を日本に入れて、うちの会社が潰れてもいいじゃないか。その機械が残って、日本の車の技術が上がるのであれば、その機械を買う」って言い切った。

これが経営的に「正しいか正しくないか」と言ったら、たぶん正しくない。でも、未来に対する意志、覚悟、自分が何を成《な》すか、自分だけではなくて未来のこの国がどうあるかを軸に動けるって、すごくイキだと思う。

ボクは、そういった人たちのバトンを受けとっていきたい。

それが、ボクの重要な羅針盤《らしんばん》。

そして、その主人公たちにも、始まりの1巻みたいな場所があって、そこから少しずつ自分が恥じない人生をつくっていった歴史がある。

その血をボクらは継《つ》いでいる。

だから、漫画の主人公でも、まわりのちょっとイカれたリーダーでもいい。

「主人公としてカッコイイ」と思える人の歴史を知りながら、日々の中で、自分が恥ずかしい判断をしない。

世間の「正しい」に、自分の「楽しい」を奪われない。
その小さな積み重ねこそが、自分の人生の主人公を自分にしていく、唯一の方法。
そういう人生を歩めたら、過酷だとしても、絶対楽しいよね。

03

やりたかったら、いますぐ小さな一歩を

Topic
03

「やりたい」を「やる」に変える72時間

やりたいことがたくさんあって毎日キラキラしていた20代。

やりたいことで迷子になれるくらいに毎日が充実していて、その迷子が故に、失敗もそれなりに積み重ねて、やれないこともわかってきた。

そんな20代中盤に、「ニューヨークで作品を売りたい」って気持ちになった。調べてみると、初期費用だけで50万円くらいかかる。

もちろん、日々の生活さえままならなかった当時のボクにとっては、どうしようもない金額だった。

やれないことがわかってくると、やらない選択をすることも増えてきて、いつの間にかそれが癖《くせ》になってくる。

人間は習慣の生き物。

自分がやらないことを正当化する理由を、十分に揃えることができるようになったら、それはピンチ。いつの間にか、他の人のやりたいことにもやらないほうがいい理由を提供するようになってくるから。

自分だけやれないのは、寂しいもんね。だからやれない仲間増やしたいよね。これも、ごく自然なことだから誰も悪くない。

とはいえ、そんなものに巻き込まれて、自分が面白くなくなっていくのは、ボクの人生の主人公のボクが許さない。

「やりたい」が出てきたときには「やる」か「やらないか」じゃなくて、「どうやったらやれるか」をまず考える。

人間の脳は、「やりたい」って思ったことに対して、72時間以内に何かしらアクションをしないと、勝手に優先順位を下げて「やらないこと」のカテゴリーに入れてしまうらしいという記事をどこかで読んだ。

だからボクは、いまでもやりたいって思ったら、まず適当にでも誰かにメッセージを送るようにしている。これだけのアクションでも、だいぶ「やりたい」が「やる」に変わっていく気がする。

前置きが長くなったけれど、20代中頃にニューヨークに行きたくなった。

だから、目の前にあったA4の紙に、

「5000円ください」

と書いて、目の前にあったコンビニで、それをたくさん印刷して、配りまくった。

いまのボクがそれを相談されていたら、絶対に「やめておけ」って言う。

でも、なんと1週間くらいで50万集まった。

社会って、言うほど厳しくないんだよね。言うほど、優しくもないんだけど。

いまでも、「そのときの自分、ナイスじゃん」って思う。

自分のアイディアで何とかお金を集めて、そしてニューヨークという、なんとなく憧れるような場所に立ったときには、それはもうすごい達成感があった。

何も成し遂げていないのに、もう何者かになった気になれるような場所だった。

たったの10日間、泊まるところもなくて、極寒の公園を寝床にした。

危険だって言われたけれど、安全快適。ただ極寒っていうだけ。

路上で竹を買ってくれたのはニューヨーカーが多くて、ボクが竹に穴を開けているのを見て、「何してんの」みたいなノリで興味を持ってくれた。

ボクはまったく英語が喋《しゃべ》れないから、一生懸命、英語交じりの日本語で会話をしていた。

そうしたら、なんと飾り用に5本くらい持っていった2メートルぐらいの竹が全部売れた。

単価は100ドル、200ドルぐらいの金額感。その当時のボクからしたら、そんな金額で竹あかりが売れたことのない時期だったから、ちょっとびっくりしたね。

ボクにとってあの場所が何だったか、言葉で伝えることは難しいけれど、重要なものだったことには間違いない。あそこで一つ、自分の力で願いを叶《かな》えたっていう自信が、いまの自分をつくっているから。

いまだったら、もちろん自分のお金で行けるけれど、あのときのあの高揚感、全部がキラキラ見える状態って、きっともう体験できないって思う。

そして、あのとき、「5000円ぐらいだったらBETするわ」ってボクに賭けてくれた大人たちに出会えたのも大きな財産。

当時はまだ、表現者としてもクリエイターとしてもイマイチだったのに応援してくれた人は、やっぱり「心」を持っている人たちで、いまでもずっと応援してくれているし、つながれている。

あのときの心ある大人たちのバトンは、いろんな若い人たちに渡していきたいな。

物事がわかってくると、「やるためにやらなきゃいけないこと」も、「やれないリスク」もわかってきて、「やらない」が増えてくる。

そんな中、あのときのボクが、「やりたい」は「やれた」に変えられるっていうことを、いまでも教えてくれる。

「やりたい」に対してすぐに小さな一歩を踏み出せるかが、「成功」と呼ばれるものにとって、本当に大切。

そして、何かやりたいと思ったら、どんなアイディアでもいいから使って、無理やりにでも早く実現させる。そんなことを続けているせいか、失敗も、めんどいことも、たくさん増える。

だけど、「失敗」も「成功」も多いほうが、きっと最後、「楽しい人生だった」って思えるに違いないよね。

竹で遊ぶ！竹でつくるワークショップ
CHIKAKEN
¥2,000

04

頼まれごとは試されごと

Topic
04

0.2秒ルール

「ちかけん」の企業理念の一つに、「何でもやりますスタイル」っていうのがある。

結果的にそのスタイルになったということだけれど、ボクは今でも、そのマインドを大事にしている。

何かを頼まれたっていうことは、期待されているってこと。期待されたことを超えていけば、自然と仕事になっていく。期待に対しては何かしらで応えたいって思うし、それはもう仕事の話ではなくて、生きざまの話でもある。

若い頃からお世話になっている、講演者の中村文昭《ふみあき》さんの言葉に、

「返事は0・2秒」

「頼まれごとは試されごと」

ってういうものがある。これは、文昭さんが師匠《ししょう》から言われた言葉。

返事が遅かったときに、「オマエ、いま自分に利益があるかないか考えたやろう?!」って問われたらしい。若い頃は、そんなことを考えていてもうまくいかないし、それを考えているって見抜かれるから、変な方向に行く。

だから、先輩から言われたことの返事は「0・2秒で答える。それを一つひとつ試されごとと思い、全力でやる」っていう教え。

ボクらも起業当時、熊本の先輩たちに竹あかり以外のいろんなものを頼まれていた。たとえば、引っ越しとか、墓そうじとか。

いま思うと、「いや自分でやれよ!」って思う。でも、なぜかボクらは頼られるのが嬉《うれ》しかったのか、変な仕事をもらっては、喜んでそれをやっていた。

仕事の立ち上げから間もないボクらを真剣に応援してくれている人たちから、「いや、オマエ竹あかりだけやっとけよ。お金にならないことをやってどうすんの」っていう声ももらった。

だけど、なぜかボクらは、それを受け続けた。

そうしたら何が起こったかというと、

「アイツら信用できるな」

となっていった。

そして、その次に
「アイツら何とかしてやらんといかんな」

的な流れがやってきて、いろんなチャンスをもらえるようになった。

それは今でも続いていて、ボクらが困ったら、誰かしらが絶対に助けてくれる。

自分の利益に関係なく動いた時間が、信用を紡いで、つないでくれる。その土台さえつくれれば、そのときのやりたいこともスムーズに進む。

ボクらもそれをわかってやっていたわけじゃないけれど、他人に対して全力になれた結果、自分に全力になってくれる人が増えていったのだと思う。

だから、もし「自分探し」とかにずっと時間を使っていて、何をやっていいかわからない人がいるなら、その時間を誰かの役に立つ時間に使ったほうがいいよ。

自分のやりたいことが見つかったとき、それを形にするためのスピードにブーストがかかるから。

振り返ってみると、チャンスも、仕事も、面白いことも、人が持ってきてくれた。

技術を磨《みが》くだけではなくて、その技術を試す場がなければ、結局活躍なんてできないし、仕事にもならない。そう思うと、人のために使う時間もすごく大事だなって思う。それは今でも、忘れないようにしている。

いま自分がたくさん仕事をもらっているのは、過去の自分が人のために動けた証《あかし》だと思っている。そこへの感謝が、いま自分が忙しくても、人のために時間を使うことを惜《お》しまないいってとこにつながっている。

唐船番所跡

05

トラブルを楽しもう

Topic
05

ハッピーの語源

「幸せになりたい！」って、基本みんな思っているよね。

でも、「幸せって何ぞや？」って聞かれたときに、「これが幸せです」って答えられる人は少ない。抽象的すぎるし、人それぞれ違うし、あんまり深くは考えたことないって感じで。

その中で、その幸せがちょいとズレてるなって思うときがある。それは「安定」を幸せの基準にしている人を見たとき。これは正直、要注意。

頭は体のエネルギーの20パーセントを消費するらしくて、その結果、効率化をしたり、無駄なことはしないって判断をしたり、ルーティンを好《この》んだりするんだって。

これを聞いたときに、「すご！」ってボクはなったよ。だって、「安定したい」って現象はここから起こるんだってわかったから。

でも、それを望んでも、人生ではいろんなハプニングが起こる。

そんな気がしない?!

そこで、考えなければいけないのが「心」ってやつ。

人間が生存戦略の中で、生き残るために相手の心理を読もうとして進化した結果、自分で自分の心理が見えるようになった。

それが、「心」なんだって。これもびっくり！　だから、心はもっと生き残るために成長したがっているらしい。

安定を求める「頭」と、成長を求める「心」。

ここにすでに人間の矛盾が存在していることを理解する。

その上で、幸せについて考えたほうがいいと思う。

つまり、「頭」で安定だけを求めても、成長を求める「心」がいろんなハプニングを起こしていく。そうなると、頭だけで考えていても全然幸せには近づけないよね。だって安定しないんだもん。

だから、心が成長したがっていることを理解して、何か起こったときは、その成長のチャンスだって感謝をする。

そうやって、受けとることこそが、幸せに近づける考え方だと思う。

そんなことを考えて思い返してみると、まわりから「トラブルジャンキー」だと言われることもあるボクは、心より先に成長を求めて突き進んでいっていた気がする。

熊本のクリスマスマーケットが、もう4年目ですごく順調にまわっていたとき、ボクは「これじゃダメだな」と思った。これでは何か面白さに欠けるなと。

だから何をしたかっていうと、熊本でもニュースになった「エミュー」っていう、ダチョウみたいな動物を会場に連れてきてもらい、マーケット会場に放すっていうことをした。

すぐに事務局の人が走ってきて、とばっちりでエミューを連れてきた大学生と、その一部始終を動画に収めていた人が取り押さえられて、捕《つか》まっていた。

ボクがなんでこんなことしたかっていうのは、自分でも、正直わかんない。

ただ面白いっていうだけ。

でも、物事がきちんと進んでいくときって、ボクの中では不安になるんだよね。

そういうものをボクがつくる必要ないなと思ってしまう。だから、クリスマスマーケットも非日常空間であり、そこで日々ドラマが起こっていることが必要。ドラマみたいな場所で、何事も起こってないっていうのは寂しいよね。

そうやって、トラブルを起こしまくるのに、みんながボクを求めてくれるのは、本当はみんなの心が成長を求めているからかもね。

なかなか、自分でトラブルって起こしにくいじゃない？　それを誰かがポップに、それを起こしてくれるならいいと思う。そういうことじゃないかな。

CHRISTMAS
MARKET
KUMAMOTO

まったく何も覚えられない人よりも、トラブルの中で一生忘れられない人になっていくほうが、素敵な気がしない？

「こういうのを始めようぜ」も、一つのハプニングであり、誰かにとってはトラブルかもしれない。でも、何か大きなアクションが起こることでしか、その場所に何かが生まれてくることはない。

それを好む人間、好まない人間、いろいろあると思うけど、ボクの役割は、ハプニングを起こすこと。そこでしかないから、それをやり続けるしかないと思っている。

最後に、コンセプターの外所一石《とどころいっせき》さんにもらった素敵な言葉を。

「ハッピーの語源は、ハプニング」

いま、あなたに起きている「ちょっと耐《た》えられない出来事」も「未来の幸せの種」かもよ。

第２章

お金に困らない生き方

06

幸せを求めるとわからなくなる

Topic 06

ブータンに行って考えた

「世界中のお金をたくさん持っていても、世界中から愛されるかはわからない。けど、世界中から愛されていたら、一生お金に困ることはない」ってX《エックス》でサザエBotが呟《つぶや》いていた。すごく単純だけど、ボクはこれでいくしかないと思った。

お金ってゲームみたいなものだから、不得意なのに手に入れることに躍起《やっき》になっちゃうと、幸せから遠ざかってしまう。

ボクが元嫁との新婚旅行に選んだ場所が、ブータンだった。いま思うと、愛が大事派のボクと、お金も大事派の元嫁で、行きたい場所が全然合わず、ギリギリ着地ができたのがブータンだった。

当時「GDPではなくて、GNH」っていう言葉がブータンから世界に発信されて、話題になっていた。

世界中が国民総生産の「生産性」で幸せを計《はか》ろうとしているのに対して、そもそも生産性を上げることと幸せは直結しない、幸せであるっていう感覚値を上げていく「国民総幸福」っていうことを唱《とな》えたんだよね。

国民に幸せですかって質問をすると、「それはどういう質問ですか？」って返ってくるくらい、幸せであることが当たり前の国。

ビビビ！　ってくるよね。本当に。

日本だと、その質問に対して、どれくらいの人が「幸せ」って答えられると思う？

そんなこんなで、ブータンに行ってきた。

そこで大事だなって感じたことが二つある。

一つ目が食べ物。

国民の半分が農家で、食べ物はたくさんあるっていう状態。

これは確かにだよね。何が起こっても、自分の家に食べ物はあるってなれば、だいぶ不安はなくなる。それは、ボクらの家を国として考えても当てはまる。

もう一つが、国民の半分が宗教活動従事者だったこと。

つまり、神様との距離が近い。神様が、幸せとは何たるかを教えてくれる存在だとするなら、その幸せのために何をすればいいかがわかった上で日々実践しているし、みんな信じているし、疑っていない。

日本で考えると、いろんな神様がいるし、神様がいないって人もいるから、より幸せっていうものが複雑で説明しがたいよね。

でも、いま改めてブータンのことを調べてみると、いろんな情報が世界から入ったり、世界に出るブータン人も増えて、みんなが幸せであるって言えない状況も出てきている。

就職難で若者の就職率が低かったり、都会にたくさん人が集まって、田舎で自治が形成されていなかったり、海外にも人が出ていってしまっていたり、いまブータンの中での幸せ感は、揺れ動いているらしい。

あの時代の、あのタイミングで、

「生産性よりも幸せの度数を上げる」

と発信した。

そうやって、世界に対して一つの答えに近いものを提示できたブータンという国が、どうやって変化していくか。そこを世界は注目すべきだなと思う。

幸せを求めて幸せがわからなくなっていくって、すごく滑稽《こっけい》だなって思う。

だけど、悩んでいるその時間も、きっと違う形の幸せなんだろうね。

07

コンサルなんかよりも大事なもの

Topic
07

ポケットの中の唐揚げ

相方の三城《みしろ》くんと竹あかりを売りながらの日本一周を終えて、ちょうど目に入った「世界一周の船旅」ピースボートのポスター。

そのポスターについている応募ハガキを送った。

そして、送ったことも忘れた頃、電話がかかってきた。


福岡でハガキを送っていたのだけど、いまいるのは東京で、「タイミング悪いっすね」と伝えると、東京から電話をかけているというレスポンス。

タイミングマウントを取られたような感じで、高田馬場にあるピースボートセンターに話を聞きにいくことになった。

そして、よくわからずに3か月後に出航する船の書類に判をおした。

すでに、解約するとキャンセル料で船賃の半分がかかる状態。

「どうすればいいんだろう」って、一瞬はなった。

そこで、「ポスターを3枚貼ると1０００円の船賃が割り引かれる」っていうピースボートの面白いシステムを教えてもらい、次の日から貼ることにした。


1日9時から16時くらいまで貼り、多いときは60枚くらい貼れる日もあった。

少なくても頑張って30枚は貼っていたな。

1日1万から2万円の船賃の割り引き。

そこから近くの居酒屋で17時から朝5時まで働いて、1万8０００円もらえた。

てことは、1日およそ3万円。これを3か月続けたら２００万超えるじゃん!!

そうやって始めたのだけど、寝る時間を考えてなかった。

食費も1日100円以下に抑《おさ》える生活で、この3か月で10キロ痩《や》せることになる。

そんな中、居酒屋で働いていたら、お客さんが残した食べ物がやたら美味《おい》しそうに見えた。店長からは食べちゃダメと言われていたけれど、ボクはお客さんが残した唐揚げを咄嗟《とっさ》にポケットに入れた。

朝5時、バイトを終えてボロボロの状態で山手線に乗り、グチャグチャの唐揚げをベトベトのポケットから取り出して頬張《ほおば》った。うますぎ……。

そのときいろんな感情が湧《わ》き出《で》てきて、泣きそうにもなっていた。気がついたら寝ていて、山手線を何周もした。そして、そのベトベトのポケットのまま高田馬場で降りて、ポスター貼り。

そんなことをしながら、ボクは世界一周の旅のチケットをゲットした。

そのときに食べた唐揚げは、グチャグチャだったし、しかもお客さんの食べ残し。

でも、あんなうまい食べ物はもうないと思っている。いまはいろんなものが食べられるようになったけれど、その感覚を忘れちゃいけないなって。

十年来の友人が面白い理論を提唱していて、名づけて「地元の友達に紹介されたラーメン屋、基本まずい説」。

地元に行くと、深夜とかに「マジうまいから」ってラーメン屋に連れていかれるんだけど、うまかったためしがないってやつ。

きっと紹介してくれた人にとって、そのラーメン屋には、何かしら思い出が詰まっているんだよね。

勝てなかった試合の後、部活のみんなで「引退つらいな」って言いながら食べた思い出だったり、親友がフラれて、慰めるためにおごってあげた思い出だったり。その人の歴史とか人生が、そのラーメンに詰まっている。

それがスパイスとして加算されて、その人にとっては「メッチャうまい」。

でも紹介してもらったボクらは、そのスパイスがないから、普通もしくはまずいっていう判断になる。

その唐揚げの味も、いま普通に出されて食べたら、おそらく美味しくない。

それでもピースポートに乗っていくために汗水垂らして働き続けて、我慢できずにポケットに入れて、朝の山手線でかじる。

その歴史とか思い出が詰まって、きっとここまで印象に残っている。

これが大事で、誰しもにあることだって。


いまのボクにとって、唐揚げを買ってくることは難しくないけれど、若い人にとってはそれが難しかったりする。そのタイミングで、大人が一食おごるみたいなことをやらなきゃいけないと思っている。

そうすることによって、唐揚げ1個、ご飯1食なんだけれど、若者は勇気をもらえる。

大人って説教しがちだけど、そうじゃなくて、もっと優しいバトンの渡し方が、若者には絶対効くと思うんだよね。

彼女にフられたときに、アイツにおごってもらったっていうのと同じように、あのとき、あの人におごってもらった、あの人に背中押してもらったなっていう思い出。

そういう思い出は、きっと2時間のコンサルなんかよりも覚えている。

そういったものを世の中に増やしていきたいって思うかな。

そんなグチャグチャの唐揚げを頬張りながら、実際に世界一周旅行を実現させ、同じような壁を越えてきた20代前半の仲間たちと出会った。

そして、その出会いが「ちかけん」の最初の「まったくお金にならない時代」を共にする仲間との出会いになる。

本当に人生という旅は面白い。

adidas

08

説教よりも前にやること

Topic 08

ミーハーでいい

ある後輩に、「『恋するフォーチュンクッキー』のミュージックビデオ撮影を熊本でやりたいから手伝ってください」って言われたことがあった。

そのときに、一瞬、そんなことやって何になるかな、まちづくりとして本質的ではないなって思ってしまった。

でもすぐに、「自分って老化してるんじゃないか?!」と思って、手伝うよって返信をした。

若手が面白そうってなっていることに対して、初めに否定的な考え方が出てくるのって、何かを失っている状態なんじゃないかって思ったんだよね。

もちろん、たくさん経験をしているからこそ、「それでは意味がない」って考えに至る。だけど、大事なモンは、頭の中にはない気がしてる。

そんなこんなで、いろんな葛藤《かっとう》や矛盾《むじゅん》が頭に入ったまま、彼らを手伝うことになった。そうしたら、あれとあれよと一緒にやりたいって仲間が雪だるま式に増えていくのを目《ま》の当たりにした。

「熊本　恋するフォーチュンクッキー」で調べると、いまでも動画が出てくるので見てもらいたいのだけど、最後、熊本の下通で1000人くらい集まって踊っているのは、マジで圧巻だった。テンション上がりまくって、ボクも踊りまくったもん。

あのときに、ボクが説教をかまして、企画をやらないってことになっていたら、どうなっていただろう。やっぱり、いつまでたってもミーハーでいなきゃいけないなと実感した。

世の中のことを自分が手に入れた知識だけで判断して、「やらない」っていう選択をするよりも、ミーハー感覚を持って、若者だとか自分の「やりたい」を押し出していったほうがムーブメントが起こるなって。その感覚は、いまも大切にしている。

自分の目の前に来たお願いごとに対しては、極力できることをやろうとする。それが、新しいものが自然と目の前にやってくる循環をつくっているんだと思う。


すぐ終わっちゃうことも、形にならないこともたくさんある。

でも、その中でも10個のうち1個ぐらいは続いていくものが生まれたり、見たことのないものが生まれたりする。

いきなり、なぜか爆発的に、たくさんの人が乗っかるみたいなことが、起こるときがあるんだよ。

若い頃は、面白いことはミーハー感覚で乗りまくる。

そして、ある程度経験を積んだら、それが「意味がない」と思っても、「わかりながら、それに乗っかれる感覚」で乗っていく。これがメッチャ大事だなと。

『恋するフォーチュンクッキー』を提案してくれた若手は、いまは熊本や福岡で会社をやっていて、面白いやつになっている。先輩が少し手を貸して、小さな成功体験をつかませていく。それが、未来の面白い地域をつくっていく鍵《かぎ》になるよね。

経験の中で、これをやったらうまくいかないなっていう考え方もある。けれども、まずは若い人たちがやっていることに対して、自分のクリエイティビティを使って、ミーハーたちを増やしていく。

そして、広げていくようなこととかができれば、ボクらが見たことのないものが生まれたりする。ボクは、ずっとそういう気持ちでいたいって思っている。

大人は、まずは、説教は置いといて、若手の「面白い」に乗っかれる、ミーハー感覚を大事にしていこ。

09

多数決で決めない

Topic
09

みんなのいいはどうでもいい

「多数決で決めるのが嫌《いや》！」ってのが、なんとなくボクの根底《こんてい》にある。

でも、「多数決がうまくいかないわけ」を伝えたいわけではなくて、「少数派の意見も聞いてよ」みたいな気持ちが大きい気がする。

熊本で6年目となった、クリスマスマーケット。熊本の3か所開催で、80万人以上の集客をほこる、地方のモンスターイベントを仲間たちとつくった。それが成功したかどうかは、いまはわかりようがないし、これから何年続くかなんてことは、もっとわからない。

だけど今、それだけの人が遊びに来てくれていることは事実なので、それをどういう判断でつくっていったのかの話ができればと思う。

まず、「熊本の冬に現れる世界でいちばん優しい村」というコンセプトを掲《かか》げた。「優しい」という言葉を「誰も排除《はいじょ》しない」とみんなで捉えて、いろんな決定をしていった。

そして、そこでは多数決での決め方をなくした。役員メンバー6人で、いろんな判断をしていくのだけど、そこでは多数決は取らない。なぜなら、少数派を排除してしまうことになるから。その意見が少数だとしても、熱量があればみんなでそれを形にするという決め方にしている。

「みんなのいい」を集めても、いいものは生まれない。

いままでいろいろな企画をつくってきた中で、みんなの意見を集めて、全部をひっくるめて何かをやろうとすると、最終的に「誰が求めたものなんだろう」っていう現象が起きるんだよね。

それよりも、チームの誰かの「絶対にやりたい」っていうものをみんなで企画にしていくほうが、究極いいものができる。

熊本のクリスマスマーケットは一つの成功例で、役員メンバーの一人のやりたいことをみんなで応援する形にした。

そうすると、とがったコンテンツができていくし、本当に想いの乗ったコンテンツができていく。そこから、すごい企画が生まれる。

社会では多数決で物事が決められていたり、みんながOKじゃないとダメみたいな感じがあるよね。それによって、面白くないものが大量生産されている。

ボクたち社会活動家って、社会からあふれた人に対して、自分たちでアクションして解決していく人たちかなと思っていて。

たとえば、選挙で政治家が選ばれたときに、票が少なかった人たちにも意見があるのに、その意見はなかったものとして進んでいく。そういった少ない人たちの声が反映されていかないことに、ボクは違和感を感じている。

だから、イベントとかお祭りとか、非日常な場面では、そういった少数派の人たちの意見をど真ん中に持ってきて、いつもは舞台に立たない熱量の高い少数意見が表に出る機会になったらなと思う。

365日、少数派の意見を聞くのは難しいかもしれないけど、祭りがあるその1日だけ、その人たちが主役になれる日をつくれるならば、その1日っていうのは365日に影響を与える1日になれる。

そんな1日を企画としてつくり上げるために、みんなのいいじゃなくて、あなたのいちばんいいみたいなものを大切にできたらいいなって。

そして、「誰か一人のいい」が企画になったとき、「みんなのいい」のときとは全然違う色の熱量が生まれる。

それをいちばん感じるのが、「終わりそうな瞬間」。いろんなお祭りを見てきて、終わらせないようにみんな頑張《がんば》るんだけど、終わりそうで終わらない瞬間を何回か体感したことがあった。そのときって、「俺一人でもやるよ」っていう人がいるかどうかなんだよね。

もしこれが、「みんなの何か」だったら、もうやめますってなったときに、そういった「終わらせない人」が現れない。終わるイベントっていうのは最終的にはどうでもいい、「みんなのいいの寄せ集め」になっているから。

終わりそうで終わらない瞬間に立ち会ってみると、誰かの「やりたい」っていう、小さくてもいちばん大事な火が、そこにあるんだなっていうのを体感できる。

「絶対消えない火」を純度高く集めていけば、絶対に、その火って強くなる。

いまは、人をたくさん呼ばなきゃいけないとか、バズらなきゃいけないとか、収益化させなきゃいけないっていう副産物に目が行きがちだけど、ボクは大事なのってそこじゃないって思う。結果的にそうなったら最高かもしれないけど。

ある人の大事な火が、お祭りとなって灯され、その時間っていうのが誰かの日常を明るくするような、そういうものをつくっていけたらいいよね。

プロデューサーとしてお祭りをつくる人間としての、ボクの大事な部分はそこ。そうやってボクがつくったもので、何か違和感を持って生きてる人が、「これでいいんだ」って少しでもなれば最高だなって。

「みんなのいいはどうでもいい、あなたのわがままを、聞かせてよ」

そんなことが言い合える信頼できる仲間が集まれば、奇跡くらい起こすことなんて、余裕だよね。

10

デキる大人についていこう！

Topic 10

大人を味方につける術

やりたいことを見つけられないっていう人が多い。

それを見つけるためには、日々の暮らしの中で自分の感情がどう動いているかを意識しておくことが大切。

ボクはこれにドキドキしている、ワクワクしているっていうことに気づけば、やりたいことを見つける感度が上がっていく。

だけど、そうやって「やりたい」が出てきたときに、基本的にはみんなやらない。

最初の段階から何もやらないから、できるようになるわけがないよねっていう人が9割。

前にも書いたけど人間の脳は、72時間何もアクションを起こさなかったら、「これはやらないこと」って場所に入れてしまうらしい。

だから、やりたいと思ったときには、ボクは一旦、誰かに雑でもいいし、メモ書きでもいいのでメッセージを送ってみる。

そしたら、まず一つアクションを起こしたことにもなるから、頭がやることリストに入れてくれる。だから、やれる可能性が少し上がるんだよね。

そして、行動を起こそうとなったら、シンプルに、デキる人に聞いて、デキる人が言った通りにやるのが、いちばん早い。

だけど、そう簡単には思考がいかせてくれないのよね。

こう言われたけど、こうやるほうがいいんじゃないかとか、勝手に自分のアレンジ加えてやっちゃう。でも、絶対それでは遠まわりになる。

まずは言われた通りにやってみましょう。

とは言っても、若いときって、誰が「デキる大人」なのかを見分ける目を持っていないっていうのが難しいところ。だから、デキない人に時間やお金をベットしちゃう。じゃあどうやって教えてもらう大人を選べばいいのかだけど、そこはたくさんの大人と出会い、話して、失敗もしながら自分の目を磨《みが》くしかない。

ボクが経験してきた中で、最高な大人と出会える確率が高かったのは、ズバリ、「まちづくり」「災害支援」「選挙」。

いちばん確率が低かったのは「異業種交流会」的なやつ。なぜかって、異業種交流会に参加している大人は、自分のビジネスを加速させる目的で来ている。だから、矢印が自分に向いている人が多い。その矢印をこちらに向けてもらうのがかなり難しいよね。

反対に、ボクがおすすめした「まちづくり」「災害支援」「選挙」は、人に役立つことを目的として集まっている。だから、こっちに矢印を向けてもらいやすく、相談に乗ってもらいやすい。

ボクも尊敬する大人にやりなさいって言われて、その3つを手伝うことが多かったのだけど、結果的に、そこで出会った人たちに、ボクのやりたいことを大きく加速してもらった。

もちろん、そこにいる人たちがすべてそうではない。

最終的にどこで見分けるのかって言ったら、やっぱり自分が接してみて、その人といて気持ちいいと思えるかどうかなのかもしれない。

できないのに、できるふりをしている大人って、結局一緒にやっても気持ちよくない。

たとえ無茶苦茶なことを言われたとしても、それでもついていきたいって思ったら、それはその大人の「デキる部分」に惹かれているからなのかなと思う。

そして、もし本当の意味で「デキる大人」に出会えたら、こんどはその大人に信用してもらうことが大切。

人にはそれぞれ適性みたいなものがある。

それを若いうちはわからないから、「オマエにはその適性がないよ」って言ってもらう必要がある。

そこでちゃんと言ってもらうためには、大人に信用してもらえないといけない。

信用できない、親しくないやつに、そんなこと言いたくないじゃん。時間の無駄だし。

ボク自身も「信頼できるな」と思える人には、事業のつくり方を教えたり、これには適性がないからやめたほうがいい、っていうのをしっかり向き合って伝える。

そして、その人が自分に合致したものに出会ったとき、それをきちんと教えてくれる大人をつなぐ。そうやって信頼できる若者には、その人の「やりたい」を「できる」に変える力になりたいと思って動いている。

みんな若い人たちって大人を信用しない。

だから、意外と大人に信用されない人が多い。

ボランティアでも、学校の点数稼《かせ》ぎのためだけに来る人もいて、そういうのをデキる大人は見抜いている。

反対に、何かに対して、心から動けていれば、「デキる大人」は見抜いて、手伝ってくれる。

やっぱりチャンスは上の人たちが渡してくれるんだよ。チャンスをもらって、失敗して、またもらってを繰り返して、できるようになっていく。


だから、上の世代との信用のつくり方を知るっていうのは、「できる」への近道。

そのために、ボクは頼まれた企画とか、大人たちから渡された任務みたいなものは一生懸命やっていた。その信頼が今につながっていると思っている。

デキる大人が何かを後輩に頼むときって、ただやってもらうだけじゃなくて、「なんか、この人のためになりそうだな」っていうことを考えて渡している。にもかかわらず、損得を考えて返事に躊躇《ちゅうちょ》したら、もったいない。

まとめると、まずはやりたいことがわかる感度を持つこと。

それは自分の感情の動きを知ること。

やりたいことが見つかったら、まずは言葉に出してみて、しょっぱなのスモールスタートをなるべく早く切ること。

そして、矢印を向けてくれる大人に応援してもらいながら、時にやりたいことが変わったり、失敗もしながら、それを磨いていくように、少しずつ進めていく。

ボクはデカいことをやりたかったから、大口をたたいていろんな企画を立ち上げてきたけど、結局は小さな一歩の積み重ねでしか「できる」ってゴールにたどり着けない。

それでもボクはこれからも大人気なく、大口をたたいて生きていくぜって感じだけど、ボクでよければ、いろいろ相談に乗るから、いつでも声かけてよ。

11

こだわりをこじらせない

Topic
11

逃げてもいい、投げ出してもいい

「人類の進化はグレートジャーニーではなくて、グレートエスケープだった」って話が好きだ。見たことのない世界を求めて出た旅ではなく、現れた敵から逃げた結果、人類が世界中で暮らしているだけってこと。

ボクに関して言うと、なかなか逃げるのがうまくないので、気づけば、まわりをボロボロにしてしまっていることがある。

そんなことになるべくならないように、逃げてもいいよって言葉と、逃げたからこそうまくいった例もあるよって事実を持っておきたい。

いままでは、あまり意識せずに、「逃げてもいい、投げ出してもいい」って言葉を大事にしてきたのだけど、いま、若い人たちと企画をつくることが増えてきている中で、「ここで逃げるな、やりきれ」って言葉のほうをよく使うようになっている。

自分の中で、「この矛盾って何なのだろう」って少し引っかかっていた。

矛盾なんてあって当たり前だと思っているボクなので、ここの引っかかりを解決せずに進めたのだけど、今回、言葉にすることで気づくことができた。

「逃げてもいい」は誰に対しても言える言葉ではなくて、「ど真ん中を持ってる人」に対してのみ言える言葉なんだよね。

つまり、自分のコンセプトを持ってそれを成し遂げる覚悟を持って動いている人。

全員に対して「逃げてもいい」となってしまうと、いいものはつくれない。

そして、反対に「絶対やり遂げる」って決めて動いている人は、この「逃げてもいい、投げ出してもいい」っていうマインドを、どこかで持っておかないといけない。

そういう人は、自分の限界がわからずに故障してしまったり、まわりを故障させてしまったりする可能性があるから。

そしてもう一つ、逃げてもいいっていう気持ちも持っていないと、やってもうまくいかないことをやめられなくなってしまう。

そうすると先に進めないし、挑戦が繰り返せない。

だから、一つのものに「こだわる」のはいいけど、「こじらせ」てはいけないんだよね。

いろいろな人と会う中で、こだわりを持っていながら、結果も出している人とそうでない人がいる。

そして、結果を出せていない人は、こだわりをこじらせてしまっている傾向が強い。

こじれるところまでやってしまうと、結局は伝わらないから、目的がズレてしまう。

そうならないためにも、上手に逃げる、そして次に行く、っていう感覚がかなり重要。

そういう意味で、まずはやる姿勢、諦《あきら》めない姿勢、何が起きてもそれを解決させて進む意気込み、それをしぶとくやる精神、パワープレーで結果まで持っていく体力、やりきるという覚悟。
この「何かを成すための土台」を持ち得ている人が壊れないための、またこじらせないための処方箋として、「逃げてもいい、投げ出してもいい」という言葉があるんだなと思う。

そして、少し話は変わるけれど、意外と自分の限界って、自分ではわからないっていうことを自覚しとくと面白い。

一度越えられた限界は、次はさらっと越えられるようになったりするから、本当に人間の不思議を感じる。

最近パーソナルトレーナーについてもらい、体力をつける時間をつくっている。トレーニングをやりながら、誰かが横にいてくれて、「もっといけるよ」って言ってもらえると、本当にもっといける。

それとは逆に、「まだいける」って思っているときに、トレーナーが「ここでやめましょう」と言って、休憩が入るときがある。ゾーンに入り、身体の限界を超えて、故障の一歩手前のときに声をかけるらしい。

こんなトレーニングを続けていると、結果を出すためには限界を超えないといけないし、限界を超えると自分で自分のことがわからなくなるんだなって思う。それは、企画やビジネスも同じような気がする。

そして、そのときに大事なのは、自分が信頼できる仲間だよなって。

「まだ頑張れるだろ」「もう逃げてもいいんじゃないか」って言葉を素直に受けとれる仲間づくりこそが、ボクらの新大陸発見のためにいちばん大切なことかもしれない。

第3章

自分を幸せにする仕事

12

迷惑で役割をつくろう

Topic 12

人間が本当に死ぬのは役割がなくなったとき

人間の職業の中でいちばん幸せな職業って何か知ってる?!

さらに、その職業がどんな仕事をしているときに、頭の中で「幸せ物質」が出ているか知ってる?!

答えは、お坊さん。

その一つの証明に、国民の幸せ指数が高いブータンではお坊さんが多い。

ただ、もしかしたら今は、もっと幸せ物質ダダ漏れの職業が出てきてるかもだから、それ知ってる人は教えてね。

話戻しつつ、そのお坊さんがどんな仕事をしているときに幸せ物質が出るかという

と、

「人から相談を受けて、それをどうすればいいんだろうって考えているとき」

なんだって。これ、めちゃめちゃ興味深いよね！　ボクのメッチャ好きな話。

他にも、スティーブ・ジョブズが、

「世界一のお金持ちになれば、世界一幸せになれると思っていたけれど、それはそうではなかった」

って話も本質は同じだなと思う。つまり、人間が幸せになるための大事なものって、

「他者との関係」の中に生まれてくるものなんだよね。


人間は、命をなるべく遠い未来につなぐために、「社会」ってものを発明したんだと思う。

そして、その社会を成り立たせるために大事なことは、他者とどううまくやれるか。だから、そのために、「相手のことを思うことで、気持ちよくなれる」っていう体の仕組みになっているとボクは思う。

祭りやまちづくりでもそれは同じ。たとえば、歩けない人が来て、歩けないから一緒にやれる作業がない、役割がないってなったら、その人もイキイキしないし、チームがイキイキしてこない。

そこに、全体の効率が落ちたとしても、役割を生むような姿勢が必要だと思う。

結局、全体としてイキイキしていなければ、結果も出ない。

効率を求めるだけでは、結果が出ない。

障害がある人も、子どもも老人も、そこに行けば役割があって、誰かのためになっている実感を得られる。

その伝播《でんぱ》がチームを活気づけて、その活気が最大の結果につながる。

これはマジなのよ。それを体感してきたのよ。

そう思うと、仕事ができる人も大事だけれど、たくさんの人に仕事を振って、役割をつくれる人のほうがもっと大事なのかもね。

そして、その「役割」は、生きていくために必要不可欠なものだとも思っている。20代中頃に一緒にピースボートで世界を旅した仲間が、船を降りて、数年後に自殺しちゃったっていうことがあった。

お互い世界に対して、「こうありたい」っていう気持ちはあったけれど、力もなくて、金もなかった。当時はそんなものはどうでもよかったのだけど、最後は「この世界で役割がない」って気持ちになって、死んじゃった。

人間は「自分の役割がない」って思ったときに死んじゃうんだなって思った瞬間だった。人がどういうときに死にたくなるんだろうと考えたときに、たとえお金がなくても、借金があっても死にはしない。

でも、世界を知って、その世界に対して、自分が何もできないっていう無力感、役割のなさを感じたときに死ぬやつはいる。

だから、「誰かのために役に立てる」っていうことが、人が幸せを感じたり、もっと言うと生きていくために大事なことなんだなと。だからこそ、それがなくならない社会をつくらなきゃいけないっていうことを強く思った。

感情論哲学者の芳村思風《しふう》さんの
「たすけてもらうことは、たすけることと同じくらい価値がある」

っていう言葉がすごい好き。

本質を捉《とら》えているよね。

「助けて」と言えるってことは、世の中を信頼している状態だし、世の中のことを愛している状態ってこと。

そういった状態でいられることがすごく大事。

行政や仕組みだけではつくれない、精神的安全性みたいなもの。

「助けて」って言われることは、誰かの役割をつくっていくことにつながるから、みんなが助けてって言えて、みんなが誰かを助ける準備ができている空気感をつくっていきたい。

これだけいい加減に生きているから、「『助けて』の天才」として、ボクはその一助になっていけそうな気がするんだよね。

他人に迷惑をかけないようにって言われて、ボクらは育ってきたけれど、多少の迷惑をかけながら、その代わり、他者の迷惑も受けとりながら、頼《たよ》り頼られ、役割の交換をしながら、生きていけるといいよねって思う。

役割がないなって思ったときは、ボクらのチームに来るといいよ。

生きてる！　を感じられる激務という役割が、あなたを待ってます。

13

神様とは対等に

Topic 13

彼女を取られた話

「神様はいるのか？」って聞かれたときに、「いる」って答えるボクと、「いない」って答えるボクが、ボクの中で共存している。

感覚としては「いる」が8割、「いない」が2割くらいの割合。

いま言葉にしてみて、その両方のボクがいるってことに自分でもびっくりしている。

直感だとか、運命だとか、導《みちび》かれているとか、そういう感覚を大事にしているほうだから。

きっと、それを納得するための方法として「大いなる存在がいる」ってことになっているのかもしれない。

「何かに導かれている」ってどういうことかと言われても、いまのボクでは説明不能だから。

頭の外で考えてみると、宇宙真理によって動かされているって感じがある。

そして、それを「神」と呼ぶことは難しくないと思っている。

一方で、「神様なんていないよね」「科学では証明できないじゃん」っていう人たちもいて、その頭の使い方もわからなくはない。結果、神様に対する二人のボクがいることになっている。

そんなボクにも神様とのつき合い方がある。

まず、お願いをすることはほぼない。

神社や寺や教会で、手を合わせて言うことはただ一つ、

「竹あかりを通して、世界平和の一翼を担います」

これのみ。

自分の健康だとか、誰かの健康だとか、そういうことをお願いするのではなく、自分がどう生きていくかを宣言させてもらう存在。

神様っていう「大きな力を持っている存在」はいると思う。だけど、それはただエネルギーとしてデカいだけの存在であって、その神様が上だとは思っていない。

神様たちにも役割があるけれど、一方でボクの役割はこれだよっていう形で対等に神様に宣言しているイメージ。

「使命」を通して対等っていうこと。

きっと、神様もみんなにお願いされて大変だろうから、ボクみたいな「ボク、神様の仕事を引き受けてやりますよ」っていうやつがいるほうが面白いと思うんだよね。

少なくとも、ボクはそうありたい。

もう一つの、神様に対するイメージとしては、話を聞いてくれる「友達」っていう感覚もある。

ボクが27歳のときに、スタッフに彼女を取られた事件があった。

そのときに「神様と酒を呑《の》む」って技を思いついたの。

阿蘇神社の近くに住んでいたから、夜12時頃に神社の楼門《ろうもん》の下に、ビール500ミリを3本買って、1本は神様用に、2本はボクが呑む用で持っていく。

1本はグッと呑んで、もう1本はちまちま神様と話しながら呑む。そのときに、言葉に出して、「自分よりもその二人が幸せであるように」って神様に伝えるのよ。

そうしたら3日目くらいで覚醒《かくせい》して、めちゃめちゃ心が晴れて、幸せな気分になった。別に科学的根拠とかないけれど、試してみて。

そして、竹あかりを通じての関係。

竹あかりを通じて、神様が持っているイメージやメッセージを形にしていき、そこに来た人々の心を一つにする手助けができたらいいなと思っている。

その土地のストーリーが、神様が持っているメッセージになっていると思う。だから、神様の近くに飾らせてもらうことで、ボクの作品を通して見えにくいメッセージを見えるような形にしたり、そこに手を合わせやすくしたり、そこに集《つど》いやすくしたり、それがボクの作品の役割かなって。

曖昧《あいまい》だけど何かあるっていうものが、人間にとって超重要なことだと思っている。

言葉に表せない曖昧なことについて話ができるのは人間だけなんだよね。

動物たちはその場所にある、今この瞬間のコミュニケーションしか取らないけど、ボクらは未来と現在を行き来したり、見えないものに対して、手を合わせてみたりできる。そして、そういったもので心を一つにして、感情を共有できる能力が人間にとって重要だなって思う。

そういう能力があるっていうことを、「美しさ」や「一つになっている感覚」と一緒に、祭りや竹あかりを通してつくれたら最高だ。

これが、ボクと神様との関係。

まだ世界平和ってやつが形になっていなくて、人と人が殺し合っているのを見ていると、神様って気まぐれなやつなんだろうなって思う。


神頼みはしないし、神様のせいにもしない。

うまくいったことが神様のおかげだとも思わないいし、うまくいかなかったから神を責《せ》めたりもしない。

でも「ありがとう」とは伝えたい。


うまくいったときも、どん底にいるときも、それはきっと自分を形づくる大切な機会になっているから、そういった場面を与えてくれてありがとうってね。

そんな神様に、世界平和の一つや二つ見せてやって「人間って面白いな」って、楽しませてやるっきゃないよな。どこにいるか知らないけど。

HIBARI KO-BO
Ham.Sausage

14

ストーリーはヒストリーから

Topic 14

モノではなくモノガタリ

ボクらは20年前に、竹あかりを大学の研究でつくり始めて、「祭り型まちづくり」という手法で九州で増えすぎた竹を切って、町の人たちと、それを使ってお祭りをつくっていく活動を始めた。

そして、竹あかりで起業をしようとなったときに、竹の工芸品や芸術作品、それをつくる技術っていうものが、右肩下がりで売れていないっていう現状に直面する。

そうなると、技術者たちはいなくなるし、技術があっても日常でそれを買う場面は少なくなっていく。

そのときに相方と話したのが、竹あかりという「モノ」を売っていくだけではダメだよねっていうこと。

ボクらが起業する前から、竹あかりをやってほしいという話はあって、竹が売れなくなる中で、なんでこんなに竹あかりに魅了される人がいるのかって考えた。

そこで、やっぱり、邪魔になっている竹をゴミとせずに、まちの人たちと一緒に穴を開けて明かりを灯《とも》し、地域が盛り上がるものをつくっていこうっていう「モノ」じゃなくて「モノガタリ」に共感し、人が集まっているんだなと気がついた。

だから、ボクらは竹あかりそのものではなくて、なんで竹あかりをやっているか、なんで竹あかりを売っていきたいかっていう物語にフォーカスし、これを広げていく必要があると確信した。そこから、ボクらの竹あかりは「モノじゃなくてモノガタリ」をつくっているっていうコンセプトが生まれた。

ボクの好きな言葉に、「好きなまちに手を加えて、素敵なまちにしていく」っていうのがある。徳島の上勝町《かみかつ》の人の言葉って聞いたのだけど、この言葉がメッチャ好き。

そして、もう一つ。「ストーリーはヒストリーから」って言葉もメチャクチャしっくりくる言葉。

モノガタリをつくる上で必要なものは何かと考えたとき、「その土地のヒストリー」が重要なんだよね。

大分県臼杵《うすき》の「うすき竹宵《たけよひ》」っていうお祭りがあって、ボクらはそこでたくさん勉強させてもらった。

竹祭りの先駆け的存在と言われ、そして、竹あかりのお祭りの成功例って言われている。そこは、最初の3年くらいは「竹工芸まつり」という名前で竹あかりをつくっていたのだけど、そのあとは「うすき竹宵」と名前を変えて、継続していくことになる。

単に名前を変えただけではなく、臼杵にある「般若《はんにゃ》姫伝説」という、地元に語り継がれる伝説を元にコンセプトをつくり変えた。その伝説に登場する般若姫の御霊が帰ってくる日に、竹あかりを灯すっていう物語をつくったんだよね。

そうしたら、そこから多くの地元の人が、そのお祭りを応援してくれるようになった。地元の年配の方たちも、参加してくれるようになった。

本当に不思議なんだけれど、やはりその土地には、その土地に流れてきた時間があって、その流れにうまく乗るように設計できるかってことが大事。ヒストリーという流れを汲《く》んで、ストーリーをつくっていくっていうこと。そこに人は惹《ひ》かれていく。

そして、それをどれだけ多くの人たちと一緒につくれるかがポイントだと思う。つくったストーリーを、いかにより多くの人の体感に落としていくか。

竹あかりは、手間がかかるつくり方に設計されていて、竹を切ったり、オブジェをつくったり、昔からたくさんの人の手を必要としている作品なんだよね。

熊本で開催される「みずあかり」という灯りの祭りは、大体ボランティアで6000人ぐらいの人たちでつくる。

そのときに重要なのは、

「すべての人たちが手を加えられるものをつくれるか」

っていうこと。

「誰でもできる状態」をつくることが、ボクらが関わってくれている人と物語をつくっていくにあたっては必要不可欠。

だから今まで、いろんなところに教えに行き、誰でも美しくつくれるように奮闘《ふんとう》してきた。

これから先も、たとえば何かの障害がある人が入ってきて、その人が今あるデザインの中では何も携《たずさ》われないよってなったら、ボクらはその人が何かに携われるデザインをつくっていくと思う。

ボクらのモノづくりの原点に、モノガタリをつくるために「誰も排除しない」っていうマインドがあるんだよね。

一年に一度、人が集まり、語らい、汗を流し、その時間が地域のアイデンティティに変わっていく。子どもたちの地域での思い出に変わっていく。素敵なまちに変わっていく。そのための大事な手間が、そこにはある。

その「ヒストリー」の流れに乗った「ストーリー」と、みんなの手が加えられたその時間は、間違いなく地域の物語をつくっていく。

いま、モノが売れないなんてことが騒がれているけど、それはモノガタリが足りないからだと思う。

地域に限ったことではなく、世の中をよくしたいって思っているなら、「ヒストリー」と「手間」を抜いて、それを成すことはできない。

それを20代の頃はわからず、右往左往しちゃった。

だから、「そこはめちゃ大事よ」ってことを伝えておきたいな。

15

10パーセントは意味ないことを

Topic
15
訳のわからない招待状

水星・金星・地球・火星・木星・土星・天王星・海王星・冥王星が太陽のまわりを、距離を保ちつつ、一定でずっとまわっている。それって、不思議じゃない？

さらに、地球のまわりを月が一定の距離を保ちながら、安定した時間で動いている。

それも、不思議じゃない？

ボクは、メッチャ不思議に感じると同時に、それを受け入れている。

太陽系もきっと、もっと大きなもののまわりを一定の距離を保ちつつ動いていて、そのもっと大きなものも、さらに大きなもののまわりを、一定の距離を保ちつつ動いている。

そして、反対に小さく考えてみると、地球の中にあるすべてのものが、外側の「さらに大きなもの」のまわりをまわっているだけで、それに気づけない状態なんだと思う。だから、いくら力もうが、いくら力を抜こうが、そのルーティンから抜け出そうとするのはかなり難しい。

「ってことは、もう、あるがままに生きていくしかない」

それが、ボクの答えの一つ。悩んだり、迷ったりはしすぎずに、流れに任《まか》せる。それが、生きやすい生き方なんだろうなって思う。

だけど、その「さらに大きなもの」を想像してみつつ、「それに動かされている」と感じることって、難しい。

ボクがその感覚を手に入れられたのは、子どもの頃の体験があったから。

ボクの母ちゃんはスナックのママ、そして父ちゃんは家がいっぱいあってフラフラしている状態。だから、子どもの頃、親と過ごす時間がメッチャ少なかった。じいちゃん、ばあちゃんが世話をして、育ててくれていた。

そのときに、なぜかわからないけれど、母ちゃんがボクの中ですごく重要だった。たぶん、社会との接点、世界との接点がボクの中で母ちゃんだったから、「母ちゃんに死んでもらったら困る」っていう強い思いがあったんだと思う。

でも、その頃のボクにはどうしようもないから、夜寝る前に、「母ちゃんが死なないように」ってただずっと祈《いの》っていた。

そうやって毎晩祈っているうちに、だんだんと祈る対象が変わっていった。「母ちゃんが死なないように」から、「母ちゃんが死なないような、いい社会になってほしい」となり、「社会を超えて、いい世界になってほしい」って、世界平和を祈り始め、どんどん祈りの対象が大きくなっていった。

そうやって祈り続けていった結果、ある瞬間、ぱったり祈らなくなる。あるところまで行ったら、母ちゃんが死ぬのも自分が死ぬのも怖くなくなった。

このときに、宇宙の中に自分がいて、自分もその一部であるっていう感覚を手に入れた。そこから、死ぬとか、死なないとか、そういう話じゃないっていうことに気づいて祈るのをやめた。

そのときは全然気づいてなかったけれど、きっとここで何かが起きたんだよね。ボクはそんな特殊な経験の中で、流されるっていう感覚を覚えた。だから、「じゃあ、どうやったら、その感覚を手に入れられますか？」と聞かれると少し難しい。

ヒントになりそうなことを伝えるとすると、まず「さらに大きなもの」を捉えるためには、自分の幅を広げることが必要。そして、自分の幅を広げるためには、自分でも訳のわからないことに挑戦してみることが重要だと思っている。

人生の時間の中で、１００パーセントそれに振り切ることは難しいかもしれないけれど、10パーセントとか、15パーセントとか、それぐらいの時間は、意味がないと思うことをやってみる。

たとえば、サハラ砂漠マラソンに出るとか。これも、正直理由はないし意味もない。

だけど、「意味がない」って思うということは、意味を見出せないっていうことだったりする。

そうやって、意味も見い出せないような自分ではわからないことに挑戦することで、自分の「幅」が一気に広がる瞬間がある。

そして、「幅」が広がると、何でも流れていくような感覚になってくる。

だから、人生の時間の中で、訳のわからない招待状が来たときには、許される時間の中で受けようと思っている。

『バガボンド』っていう宮本武蔵を題材にした、ボクの好きな漫画がある。そこに、「人生はすべて決められていて、だからこそ、どこまでも自由である」

というような言葉が出てくる。まさにそれ。

どうせ決められているのなら、決まったようにしかならないのなら、そのときの自分のいちばんのやりたいことに全振りして、生きていけばいいのよ。どうせ、決まっているんだから。

16

仕事の目的は仲間づくり

Topic
16

効率化の先は作業でしかない

ボクの仕事の最大の価値は、「信頼できる仲間探し」と「その信頼できる仲間とどれだけ長い時間一緒にいられるか」。そのために仕事をしている。

仕事の最大の価値は、「利益」ではなくて「仲間との時間」。

そして、仕事の目的としては「竹あかりを通して世界平和の一翼《いちよく》を担《にな》う」こと。このボクの使命を全うするために、仕事をして、磨きあげている。

使命と仕事が一致していると、その使命に共鳴《きょうめい》する仲間と出会える。

ボクであれば、世界平和を一緒に目指せる仲間たち。その仲間ってバイブスが合う。従業員とか作業をしてくれる人ではなく、仲良い友達って感じでね。そんな友達がいたら、プライベートでも遊ぶよね？

それをプライベートだけではなく、仕事も一緒にできれば、24時間中16時間くらい一緒にいられる。それって最高じゃない？

もちろん、バランスも大事ではあるんだけどね。

そういう仲間と出会えて、仕事もプライベートも一緒にいられるって、マジで最高。ボクはそんな人生を歩みたいので、そんな感じでやっている。

「利益」を上げるために、「効率化」を図るってよく言うけれども、その「効率化」が一番の中心軸になったらいけないと思っている。

「竹あかりを通して世界平和の一翼を担う」という使命に対して、熊本の「みずあかり」から始まり、その使命が共鳴して集まった仲間とともに、いまはいろいろな伝え方、行動の仕方が体現できるようになってきた。

それは、ある種「効率化」と言えるのかもしれないけれど、ボク自身はまったく効率化しようとは考えていない。

とにかくがむしゃらにやっていく中で、泥まみれ、傷だらけになりながらやっている姿をみんなが見て、ちょっと助けてあげようかなって効率化をできる人たちがまわりに集まってくれた。その結果、多少うまくできるようになってきたっていう感じ。

効率化を考えずに、使命に対して一生懸命になったことによって、仲間がまわりにいるっていう状態だなと思う。

効率化や、整理っていうのは、そもそも散らかっているものがないと必要ないよね。最初に、「やりたい」とか「こういうのは必要だよね」っていう元種《もとだね》をつくることが必要。そして、それは「散らかす行為」に近いのかもしれない。

散らかってくると、整理する、効率化する役割の人も、それを片づけたいと思ってやってきてくれる。片づけたい「大義」がそこにあると、集まりやすい。

そうやって、元種を撒《ま》いて1個ずつクリアしていく中で、どんどんチームは大きくなり、ムーブメントも大きくなっていく。

所詮《しょせん》。

効率化は副産物でしかない。利益を上げることが、仕事をすることの最大の価値になってしまうと、効率化がいちばん大事なものになってしまう。

その、「効率化をいちばん大事なものにしたこと」に、ボクの限られた人生の3分の1を捧げることは、ボクにはできない。

もちろん社会がそうやって成り立ってきて、その恩恵を受けていることには感謝している。

でも、もうよくね？　その押しつけ。

もっと自由に生きられる時代が来てるから、みんなで何がベストなのかをデカい声で言い合おうぜ。

17

すべてを信じるか、すべてを疑うか

Topic
17

矛盾をあわせ持つ

ボクの家族は少し特殊だった。

父ちゃんと初めて会ったのが、小学校2、3年くらい。母ちゃんに父ちゃんはアメリカに行っていると教えられていて、小学生にあがる頃には帰ってくると伝えられてた。なぜか、父ちゃんの名前が書かれてるテレフォンカードになっている名刺を渡されていた。

まずこれを読んでる中には、テレフォンカードがわからない世代もいるとは思う。そして、わかる世代も「なんでテレフォンカードが名刺になっているの?」って人もいると思うけども、混乱するとは思うのだけど、とにかくちょっとずつ、何かが変な家族だったってことを伝えたい。

小学校2、3年になり、ついに母ちゃんが父ちゃんに会わせてくれることになって連れてかれた家……徒歩圏内すぎて、びびった。子どもながらに、アメリカの嘘は無理ありすぎだろって思ったのと、それをつっこんじゃいけないんだって思ったのは今でも覚えてる。

そこから毎週末、父ちゃんのところに遊びにいくのが習慣になった。家はそこだけじゃなくて、いくつかあって、父ちゃんと仲の良い、いろんな女の人がボクともとても仲良くしてくれた。でも本当に仲良くしてほしかったのは、父ちゃんと母ちゃんで、それが、まわりを見ても普通だし、テレビの情報でも普通な感じがして、普通じゃない自分を、自分でどう捉えていいのかわからなくて、涙がたくさん出た。涙がたくさん出る時期を過ごしてたら、ある日ピンときて、「何が普通かはわかんないよね」ってなったのよ。それも突然に！

人間ってすごいよね。きっと何か、ボクが生きていくための力が働いて、どこかの扉が開いたんじゃないかと思う。

その扉が開いてくれたおかげで、父ちゃんの存在と、そこから生まれたボクの存在を認められるようになった。

世の中の普通とされている「父ちゃん」としてはイマイチだけど、父ちゃんを因数分解してみると、面白い部分、「男」としてカッコイイ部分もあるよなって思えた。だから、そこを好きになればいいし、嫌いなところは嫌いなままでもいいっかってなったのよ。何か自分の中に違和感があるならば、いろんなものを分けて考えてみると不思議としっくりきたりする。

一部分が嫌いだからって、全部を嫌いにならなくてもいい。

だけど、意外とみんなその一部分だけにフォーカスしてしまいがちだよね。その一部が絶対に許せないってこともあると思うけれど、そのときは親であろうと、誰であろうと離れればいいだけだろうしね。

「世の中は、そもそも矛盾だらけだよね」

って諦《あきら》めておくくらいでちょうどいい。

ちなみに、仏教で「諦める」って、「あからめる」って意味で、明らかにするってことらしいよ。

なんでこんな話をしたかというと、「自分が言っていることとやっていることが矛盾しているんだけど、どうすればいいですか」っていう相談がよく来るから。

そもそも完全に自分が矛盾のない状態で先に進められるほうが、難易度が高い。だから、「その質問、自己評価高すぎでしょ」って思う。

自分なんて、まだ大したことがないと自覚して、矛盾も含《ふく》みつつ、とりあえずやってみることが大切。

矛盾を感じたら一回一回止まって勉強して、整えてやろうとする人が多いのだけど、その結果、結局やらないっていうことがよく起こっている。

そこでボクは、

「とりあえず、つべこべ言わずにやれ。やりながら考えろ。」

やり始めたら、頑張《がんば》らなくていいから、何かしら結果を出せ」

って言う。

そして結果が出たら、どうだったかを振り返る。それを何度もやる。

土俵に立ち続けて、矛盾と向き合い続ければ、自ずとその矛盾が何なのかが見える。

その矛盾の解像度が上がって、はっきり見えてくるようになれば、どうすればいいか方法がわかってくる。

だから、やるか、やらないかで迷わずに、「やる」ってとりあえず決めて、やりながら考えることが重要。

『ユダヤ人大富豪の教え』に、

「成功の近道は、すべてを信じるか、すべてを疑うか」

って書いてある。信じるか疑うかを悩んでいる時間がいちばん無駄なんだって。

ボクは自分のことを天才って信じているけど、戦略は徹底的に「凡人の成功戦略」のほうを選ぶ。そうしたら、どうなっても結果が出るからね。

そして、ここで言う「凡人の成功戦略」っていうのは、すべてを「信じる」ってこと。「疑う」って、知識が必要になってくるから難しい。それであれば、とりあえず信じて、徹底的にやるほうを選ぶ。

つまりは、人はそもそも矛盾してるっていう話。

前にも書いた通り、効率化したい「脳みそ」と成長したい「心」が同居しているのが人間。つまり、人間って矛盾しているってこと。

だからもし、自分の中の矛盾なんかで悩んでいるんだったら、それは人間のつくりそのものだから、「ま、それもいっか」で先に進んだほうがいいよ。

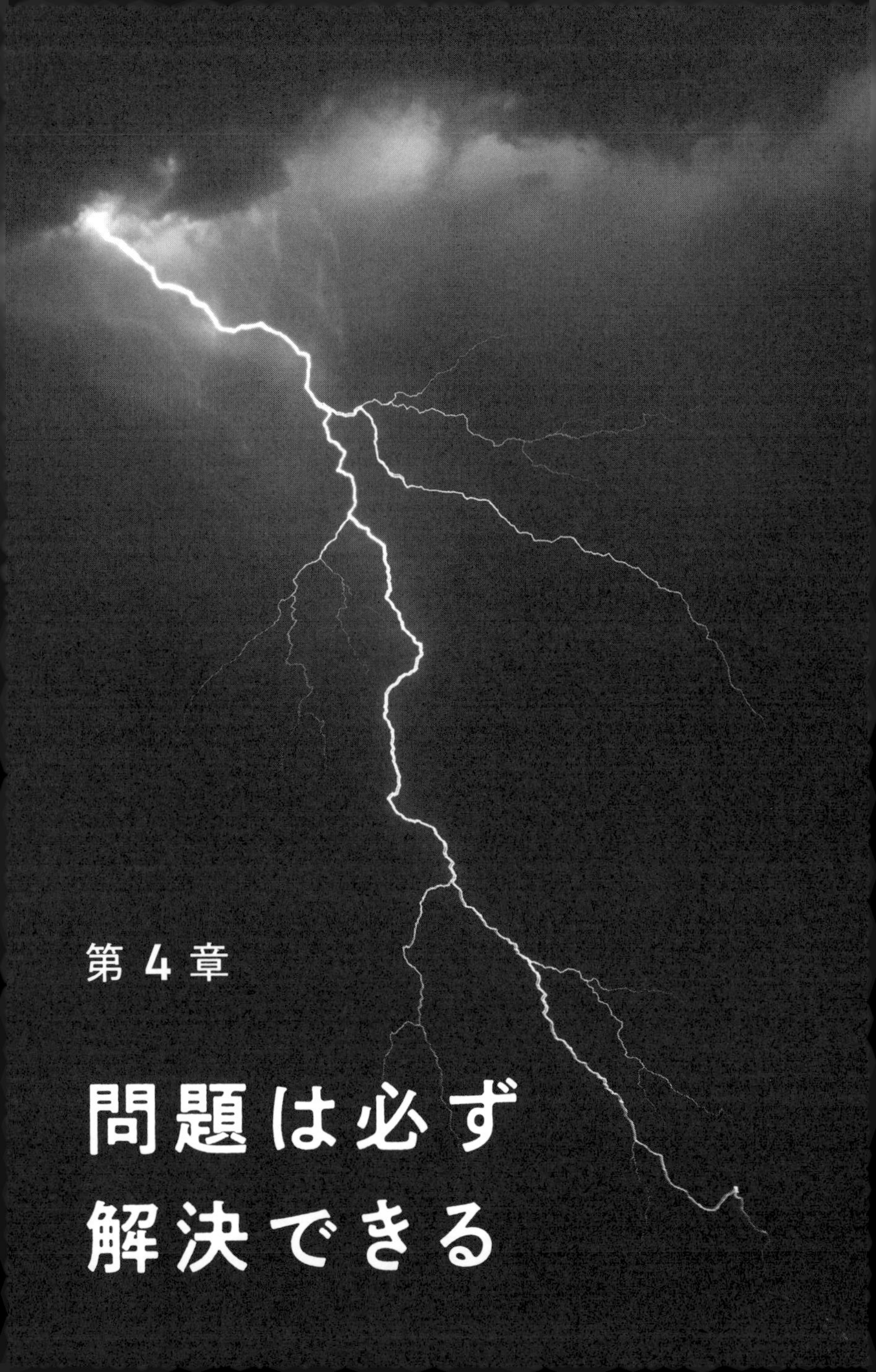

第 4 章

問題は必ず解決できる

18

「どうすればカッコイイか」だけでいい

Topic 18

博愛主義者であり八方美人

ボクは、すべてを愛している状態の博愛主義者を目指している。

それが他人からも、そして自分からも八方美人に見えても、それはそれでいいじゃないかって思う。完璧を目指して歩いていくのだけど、完璧に執着するあまりに息苦しくなっているときってない？

究極は、「幸せである」って状態がいちばん大事だと思うんだよね。

だけど、目指している道が険しすぎて幸せでいられないっていう、本末転倒《ほんまつてんとう》な状態に陥《おちい》ることってよくある。

「博愛主義」を目指していて「八方美人」なんて言われると、なんか嫌な気持ちになっちゃうけれど、美人は美人だよね。

みんなに美しく見られていたいって思えるのって、メッチャ美しいことだし、それは自分に愛があるってことじゃない。

さらにいけば、その愛をまわりの人に渡すことができるようになる。

そうやってたどり着いた先に、博愛主義みたいなモンがありそうな気がする。

ボクは、そんな矛盾を受け入れつつ、「博愛主義」でありたいっていう、覚悟を持って生きている。

博愛主義を目指すにあたって大事にしていることは、まずは嫌な感情も受け入れること。

たくさんの人と接すれば、さすがに感情が揺れたり、違和感を感じることは、間違いなくある。それはそれで、無視したり、我慢したりはしなくていいんだよね。

だけど、その感情を、その場で、そのタイミングで発散させようとすると、喧嘩《けんか》になったり、その人を排除《はいじょ》したり、愛せない瞬間が出てきてしまう。だから、矛盾だとか感情の波を感じたときには、一つ高いところから俯瞰《ふかん》して見るようにする。

これが映画の一場面だったら、ボクの人生の主人公であるボクはどういうふうに接したら、ドラマとして成立するかなって。

41年も生きているといろいろなことが起こるんだけど、昔、自分の会社のスタッフに、自分の彼女を取られたことがある。

普通に考えたら許せない。でも、池田親生という一本の映画を考えたときに、どういう接し方をしたら、ボクの人生が面白くなるか、どんな結末を迎えるかっていうのを考えた。

そうなると、やっぱりどこかで許す方向に向かう選択をしたほうが、漫画としても映画としても面白いんだよね。

だから、そのために、どんな許し方があるか、どんな仲直りの仕方があるかっていうのを、考えられるようになった。

一度自分の人生を映画とかドラマと考えて遠くから見てみると、感情だけに左右されない、けっこう面白い答えが出てきたりする。

メッチャ許せない感情はあるんだけど、ボクはオマエのことを許すよ。

そうしたら、カッコイイじゃん。そのカッコイイシーンを思い浮かべて、1回体験すると、それができたりする。

自分を自分の人生の主人公にしていくためには、そういった痛みを超えるようなアクションをする必要がある。

それは世界に愛を持って接することだと思うし、すべての人間はできる力を持っているとボクは信じている。結果、彼女を奪ったヤツとは、いまも一緒に仕事していて、ボクのまわりでは有名な笑い話になっている。

そうやって自分の恥ずかしい部分とか、さらけ出したくない部分を笑いにするっていうのも、人生においてすごい重要。

笑いに変えると、自分の中でいろんなものが消化されていく。

そして、いろんなものが消化されると、心の器が一回り大きくなる瞬間がある。

そうやって乗り越えていくうちに、一歩ずつ博愛主義者に近づいていけるんじゃないかな。

人のことを嫌いって思っているのも思い込みだから、その思い込みを自分の中で解《と》く方法はある。


完璧な博愛主義を目指さなくていい。

八方美人と言われても、それでいい。

ネガティブな感情も一つずつ消化しながら、少しずつ心の器を広げていけばいい。


何かをやろうとすると揚げ足を取るような言葉を振っかけられたりすることがあるけど、気にせずやれるやつは、やり続けような。

やらない善より、やる偽善《ぎぜん》。やった先にしか見えない景色があるよ。

一緒に見に行こう。

19

「失敗してもいい」と言える仲間を持とう

Topic
19

扉には鍵がかかっていない

自分に能力があるかどうかはわからないけれど、ボクは能力があると思っている仲間と一緒にやっている。

だから、そのメンバーとだったら解決できない問題はないなって思う。

それと同時に、このメンバーだったら、その問題が解決できないときでも楽しめるなって思える。

その時点で、もう失敗のしようがないんだよね。

一緒にやれている時点でボクの中ではもう楽しめている、バリューを手に入れているから、もう成功。

だからこそ、何か問題が起こったときに焦《あせ》る必要はなく、安心して突っ込む感覚が勢いを生み、その勢いがいろんな壁を壊すから、問題解決する力にもなっている。

それは、ボクのチームのつくり方だったり、組み方だったり、人との関係性のつくり方だなって思った。

そういう仲間との関係をどうやってつくっているかというと、最初の段階で、そもそもボクに興味がある人とやるってことが一つ大きなキーワードかもしれない。

ボクは、ボクにまったく興味がない人に対して何か仕事を頼むことってあんまりない。

たとえば、大きな飲み会があったとき、ボクは常に記憶ないからそのことを覚えてない。だけど、ボクに興味を持って覚えてくれている人が後日連絡をくれたりする。

その連絡をくれた人はボクに何かしら興味を持ってくれている人だから、そういう人たちと仕事をしていく。

基本的に相手の心の扉が開いている状態で始める。
そして、ボクも基本的に鍵がゆるいタイプであり、もう扉自体がないぐらいの感じ。
だから、信頼の行き来がしやすい状態で始まるんじゃないかな。

そこから実際に仕事をしたときに、フィーリング、バイブスみたいなものがある。
そして、そのとき「この人となら一緒にやれるな」って判断する基準は、

「この人とだったら別に失敗してもいいいな」

と思えるかどうか。

そうなると、出会いの段階でもうチームとして完全に心の扉が開いている状態。
相手から扉を開いて来てくれるから、ボクの扉が開いている感覚がある。

そもそもボクも開いているか、いないかはわからないけど、ボクにも扉があって相手にも扉があってっていう状態があるとするならば、ボクにアプローチをしてくれるっていうのは、向こうが扉を開けてくれた状態でボクにノックしてくれている状態だよね。

一方で、仕事やビジネスから始まる関係で、あまり相手のことを知らないときって、両方扉が閉まった状態で始まることも多い。

その状態から両方開けるのっていうのは、けっこう難しい感じがする。

ボクの場合、能力が高い人だから一緒に仕事をしたいって思って、人を選ぶことはないから、心の扉が両方閉じていることがないのかもしれない。

そういった形の中で、信頼し合える仲間ができていってるんだなっていう気はする。

ところで、中学生や高校生のときに、ある大人から、「好きなことは仕事にしないほうがいい」って言われたことなかった?

ボクは何回かあったのだけど、そのたびに「なんでなんだろう」って考えて、結局答えは出なかった。おそらく、その説はズレてるんじゃないかなって思う。

好きなことにお金が絡むと、それを好きじゃなくなるとも言われていたけれど、「それはそもそも、そんなに好きじゃないからじゃないか？」

って感じだね。何が言いたいかというと、

「好きなことを仕事にしないで何をするんだ」

ってこと。

一日の3分の1を仕事に使うのなら、好きなことをやっていたほうが、絶対にいい。

そして、好きなことをしていると、それを同じように好きな人がそこに集まってくる。好きなことが近い人って、気も合うよね。

どうせなら、人生の長い時間を気の合う人と過ごしたいじゃん。

それを続けていくと、

「好きな人と、好きなことを、好きなだけやれる環境」

ができていく。

それが完成していくと、心の扉はいつの間にか、いつでも開いた状態になっている。

心の扉に鍵がかかってないのは、鍵をかける必要がない人しかボクのまわりにいないからなんだよね。

その状態で生きていくって、マジで気持ちがいい。

毎日、幸福感高めよ。

990

20

目的地より大事なものがある

Topic 20

未来からの招待状

旅をしていて、目的地に向かうことばかりに集中すると、そこに向かう途中の美しい風景に気づけない。

それと同じように、理由を信頼しすぎると、未来からの招待状が来ていることに気づけなくなる。

目的地に向かう途中でその旅の目的以上のものが見つかり、それが素敵な思い出になることはよくある話。

人生も似たようなものだと思っている。

目的地を決めたとき、そこに行きたい理由はあるのだけど、それが旅の目的ではない。

美しいものに出会い、感動し、人生を謳歌《おうか》することこそが生きることの目的なんだろうから、目的地や理由を大事にしすぎなくていいって思う。

小学生のとき、中学生のとき、高校生のとき、進路や夢を聞かれて、「竹あかり演出家になりたい」なんて一度も思ったことがなかった。

思っていなかった以前に、世の中にその仕事がなかった。

じゃあどうやって、竹あかり演出家に行き着いたか。

「家の家業の土木をやっていくのだろうか？」と考えたときに、もっとクリエイティブなことに触れたいと思った。

そして、建築を学び、建物を建てるというより、そこで過ごしている人の営みに触れるような何かがしたいとなった。

そんな変化がありながら、今この職業につき、使命にたどり着いている。

そこに、意味は存在していなかったし、もう「未来から、来る何か」でしかなかった。そして、竹あかり演出家としての職業をスタートさせて、進めば進むほどしっくりしていくという順番だった。

目的地があり、そこを進む中で出会った美しいものが、新たな目的地を見せてくれる。

そして、ここにたどり着いた唯一の羅針盤《らしんばん》は、

「ワクワクできるかどうか」

ということだけ。

そのワクワクの道をふさぐような出来事も、いま思えばたくさんあったけど、信じて進む道の先には、いつもさらなる美しい景色が広がっていたように思える。

いま、どんな素敵な未来からの招待状が届いているんだろう。目に見えるわけではないから、目を瞑《つむ》って唯一の羅針盤を感じてみるしかないよね。

理由もだけど、根拠もいらない。

大学生のとき、車に乗ってどこかに向かっている途中で、相方の三城《さんじょう》くんがおもむろに言ってきた。

「ちかおくん、この横にあるドン・キホーテって、年間どれくらい売り上げてるか知ってる?!」

記憶は曖昧だけど、ボクは全然知らなかったのと、「2000億だよ」って教えてくれたことは、なんとなく覚えている。

だけど、その後に、

「コイツ、ちゃんとバカなんだな」

って思った瞬間のことは、はっきりと記憶している。

そのとき、彼は、

「俺、これくらいだったら越えれると思ってるんだよね」

って言ってきたのよ。

どお⁉　そんな20歳くらいのやつ。ボクはそこで、すっかり痺《しび》れたんだよね。ボクもバカなんだろうね。

いま思うのは、

「知らないってすごいよね」「すごいことを言わせるよね」

ってこと。

「知らない」って、ある意味、若いときの最大の資産なんだと思う。

この資産は、いまになって気づいたこと。

竹あかりの事業なんて、世の中の仕組みをもうちょい知っていたら、挑戦できていなかった。あのとき、大人たちが「絶対やめとけ。お金にならないから」って言っていた意味が、ようやくわかるようになってきたよ。

だけど今、当時無理だって言われた竹あかりで、全国、そして世界からも呼ばれて仕事ができるようになった。後輩に飯だっておごれるし、大好きな酒も毎日呑《の》めるようになった。

好きなことを好きな人と好きなだけやれるようになった。

振り返ると奇跡のような出来事の連続で、正直、後輩にこうすれば絶対うまくいくよなんて再現性のあるアドバイスはできない。

だけど、世の中の壁を個性で突破するためには、

「オマエ、バカなの？」

って言われるくらいの世界観を持って挑むことが大事だよね。

そして、それを持てる最大の能力は「知らない」ってこと。

2000億の壁なんて、夢のまた夢みたいな場所ではあるけれど、あのときの相方を思い出すと、ボクらはいつか超えるんだろうなって、いまもずっと思っている。

21

自由であるためのスキルを身につける

Topic 21

同じ教科書はいらない

ボクの人生でいちばん高価なものは、「自由」。
ボクにとっての「自由」とは、好きなことを、好きな人と、好きなときに、好きなだけ堪能できる状態。「竹あかり」の気の合う仲間たちと、朝から晩まで仕事で遊びながら時間を過ごしていける状態になったのは、本当に奇跡だなって思う。

ほんと「自由」が人生の中でいちばん重要なものであることは間違いない。

「自由って何ですか？」って聞かれると、「自分が幸せだと思うこととの、ピュアなコミュニケーション」みたいな感じ。

他の何にも縛られることなく、自分の幸せに対して、会話ができる状態。

だけど、自分が自由でいることで、誰かを傷つけてしまう可能性もあるし、誰かがマイナスを被ってしまうこともある。


それでも自由に生きていきたい中で、何をしなきゃいけないかというと、「自由であることを受け入れてもらうためのスキル」を身につけるしかないと思っている。


ボクが自由にやっても、誰も傷つかないだけのサポート、フォローができるような力をつけることができれば、本当に自由な判断ができる。

それは社会全体でも同じ。

たとえば、車が好きだから、みんなが好きなだけ車に乗ったら、地球はもたないよね。でも、車に乗りたい。じゃあ、地球に優しい車をつくるっていう、スキルや技術を人類が身につけていくことができれば、自由を確保していける。

自分の自由を主張することで、まわりも主張するような状態になってしまう。

そして、自分の自由を脅《おびや》かされたりもする。

だから、自由とセットで、クリエイティビティとスキルが、そこには必要。

ボク自身がなぜ「自由」を手に入れられたかというと、自分が自由でいられる、仕事をつくれたからだと思っている。

竹あかりという職業をつくれたことによって、ボクは、何からも縛られない生き方ができている。

社会との密接な関係ができていく中で、自由に生きていくためには、社会との接点である仕事をどうつくるかっていうことが重要。

自分らしく生きるところとズレない仕事を、自分でつくれるかどうか。

それが、自由に生きるための「スキル」とも言える。

ボクは、お金がなくても楽しく生きていける生活のつくり方を手に入れたから、お金がなくてもいいと言っている。

でも、それもスキルがいることで、お金があったほうが楽に、自由に生きてはいける。

ただ、残念なのは、こういうことは学校の教科書には書いてなかった。

ボクは学校に行くなら、「勉強のやり方」ではなく、「何のために勉強するか」「勉強することがどれだけ楽しいか」ってことを学びたかったなって思う。

いま、竹あかりをつくりながら、学びたいと思う瞬間がたくさんあるし、それを実際に学びに行ったりもする。

竹あかりをつくることで世界が平和になるお手伝いができると思っているから、さらに美しい竹あかりをつくりたいと思うし、それをやっていて充実感がある。

その結果、自分で進んで勉強がしたいってなるんだろう。

そう思うと、やりたいことが見つかるって、すごく大事だよな。

「じゃあ、そのやりたいことって、どうやったら見つかるんだろう？」

これこそが学校で教えてほしかったことだよね。


「勉強する意味」って生きざまになってくる。


それを教えてくれるものが、教科書であってほしい。

ボクの人生の中で教科書的役割になってくれたのは、高橋歩さんの本と、「コム・デ・ギャルソン」っていうブランドの服。

歩さんの本に「大人が本気で遊べば、それは仕事になる」って書いてあって、大学生のとき、相方と、「これっきゃないっしょ」ってなった。ほんと、めちゃ素直‼

もう一つ、「コム・デ・ギャルソン」がＮＨＫで特集されていたとき、その創始者

であり、デザイナーでもある川久保玲さんが、
「海外のものばかりを使ってしまうと日本の技術がなくなる。それは文化がなくなることであり、それは寂しいことだ。日本という国は素晴らしいということを、作品を通して伝えてたい」って言っていたのを見て、衝撃が走った。

ボクもそうなりたいって。

コム・デ・ギャルソンの服を着ているときは、そういう「想い」を着ている感覚がある。

こういったものが、ずっとボクの教科書なんだよね。その教科書がなかったら、竹あかりで起業していなかったかもしれない。

ボクの中に、「メンター」って呼ばれるような人はいないけれど、その時々で、ピンときた人には相談するようにしている。

そして、過去の偉人の言葉や、行動にも「これが好き」っていうものがあって、それもボクの先生として、ボクに大きな影響を及ぼしている。

たとえば、政治家だとジョン・F・ケネディの演説にあった、

「この国にあなたが何かしてもらうことを考えるのではなくて、この国のためにあなたができることを考えてください」

っていう言葉。そして、その演説の大元になったのが、日本の上杉鷹山《うえすぎようざん》という政治家であるっていう関係性。

その言葉や関係性にグッと来て、それがずっと残っていたりする。

そういうものが、何かに悩んでるときには、ボクの羅針盤として働く。

そして、そういうカッコイイ大人が載っている、自分だけの教科書を持つといい。

22

「反省」より「成功のイメージ」

Topic
22

反省はしなくていい

日本って、めちゃめちゃ反省させられるじゃん？

小学校くらいから始まって、社会人になって会社に入っても何かしら反省を強いられる。ボクは会社には入ったことはないけれど、そんなイメージなのよね。

「ボクがするべきは反省じゃない！」

って、明確に気づいたタイミングが高校生のときにあった。

それは、部活のとき。ボクはバスケ部でスタメンに入ったり、外されたりな、いちばんプレッシャーを感じるポジションだった。スタメンのときはスタメンメンバーに迷惑をかけられない。スタメンじゃなくて試合に出るときも、調子が悪いスタメンメンバーの埋め合わせをする必要があった。

だから、先生にたくさん怒られる役割だった。

そして、毎回怒られて、毎回同じようなミスをしてしまう。そのたびに先生が怒鳴り、「反省しろ」って言われる。

違和感はあったんだけど、一応、反省はしていた。

だけど、それでも同じミスをしてしまう。

そんな自分を客観的に見たときに、やるのは反省じゃないって気づいた。

何をやるべきだったかというと、「どうやったら成功できたか」のイメージと、そのイメージの刷り込み。それが大事だった。

「反省しろ」って言われて、その場面が恐怖によって頭に刷り込まれていると、同じ場面で失敗のイメージが思い出される。

そして、そのイメージに引き寄せられて、ミスを呼ぶ。

だったら反対に、成功イメージを焼きつけておけば、それに引き寄せられて実際にもうまくいくって思ったの。

気づくまでに時間はかかったけれど、このおかげで、仕事や大人になってからの挑戦ではうまくいく確率がグンと上がった気がする。

その確率が上がることで、小さな自信が積み重ねられて、挑戦の数も増えていった。

そして、少し話は変わるけれど、ボクは中学生のときに一回大きな成功をしている。

あるとき、憧れの「コム・デ・ギャルソン」のパリコレの演出をするっていうイメージをした。そのあとにはインタビューを受けて、涙を流すところまで想像ができたと同時に、「あ、ボクの人生はうまくいったんだな」って確信したんだよね。だから、あとは目の前のことをこなしていけば、ボクはきっとたどり着ける。

重要なのは、「反省」ではなくて、「成功のイメージ」。

反省ばっかりさせる世の中には、中指でも立てて、みんなで楽しいこと考えてやろうぜ。

23

誰かのわがままを自分ごとに

Topic 23
わがままは資産

ボクの中での「成功」や「こうありたい形」を掘り起こしてみると、「ただのお金持ち」「ただの有名人」といったものではない。

そこに「自由」がなければ、どんな成功にも意味がない。

いろんな先輩にお世話になってきたのだけど、そのカッコイイ先輩たちには共通点がある。

それは、「世の中の常識に対して真面目」ではなくて、「自分の思いに対して真面目」であるということ。

ルールだけにとらわれず、時に、それを疑い、声を上げられる。

仕事もできるけど、遊びも知っている。

他の人が見たら変だと思われることでも、自分が好きならば貫ける人たち。

お金があっても不満ばかり言っていたり、有名だけど不自由そうだったり。世の中のわかりやすいバロメーターが、その人の幸せに直結しているとは限らない。

自分の好きなものがあっても、まわりの目を気にして、なかなか好きって言えない人も多いよね。

でも、それを続けていると、いつの間にか本当に好きなものも、やりたいこともわからなくなる。ボクはなったことがないからわかんないのだけど、若い人たちの相談に乗ってみると、そうなんじゃないかと思う。

まずは、わがままを言ってみる。

そこから始めてみるのがいいかもね。意外とみんな受け入れてくれる。

そして、一つわがままを言えたら、一つ誰かのわがままにつき合ってあげられるといい。誰かのわがままをまっすぐ受け入れて、自分ごととして、それに巻き込まれていくことで、自分が見えていない世界が見える。

それが自分の志に変わっていくこともある。


どんなわがままを応援するか、誰のわがままを応援するかっていうのは、自分で選ばないほうがいいとボクは思っている。

頭の中で応援するかどうかを決めていたら、自分の想像を超えることはないからね。

応援するものを決めてしまうっていうことは、結局「ボクがやりたいこと」しかできないってこと。

ボクに「応援して」って言ってきたものは、ボクが応援すべきことであり、役割としてきたこと。

だから、それに対してできることをやるしかないよね。

自分が違うと思ったこと、違和感を感じること、その境界線を越えて考えてみることが、まだ見ぬ自分に出会うコツでもある。

ボクは、「誰かのわがまま」を自分ごとにすることが得意なのかもしれない。

わがままではあるけれど、だからこそいろんな人のわがままを、きちんと受け入れる。そして、それを形にしたいって思いがあるのは間違いない。

人に迷惑をかけない人生なんてありえない。

だから、どうせなら、迷惑をかけるし、かけられるし、そのキャッチボールができることで、わがままでいられる社会がつくれる。

そのそれぞれの「わがまま」が、これからの社会を面白くする「資産」になっていく。

ボクは今、それができる仲間に囲まれていて、めちゃめちゃ幸せ。

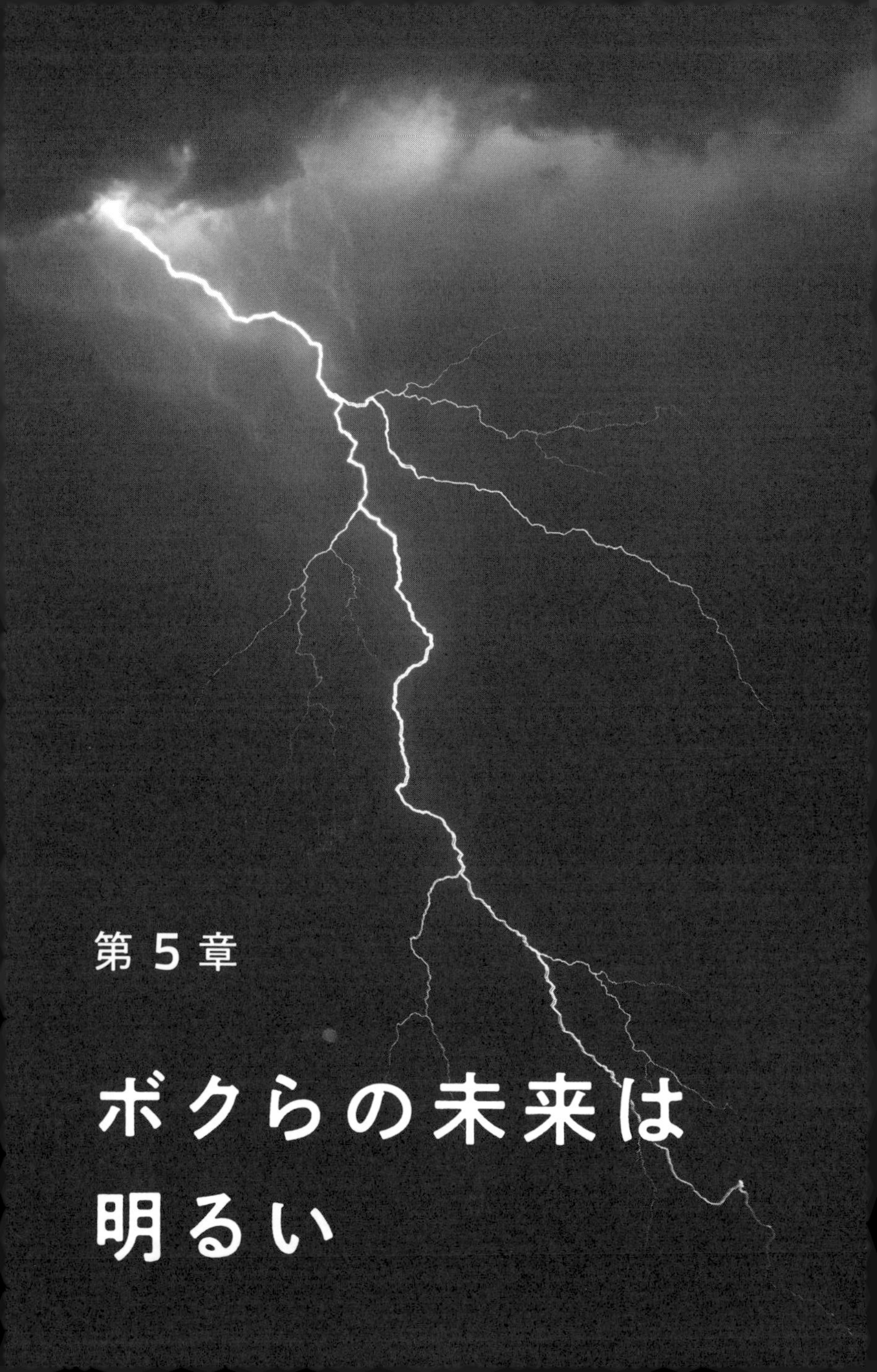

第 5 章

ボクらの未来は明るい

24

風呂敷は大きいほうがいい

Topic
24

わからないものが美しい

「若いときの大風呂敷は、デカければデカいほど美しい！」

無謀《むぼう》でも大きな挑戦をしたほうがいいってこと。

デカいやつを広げてみるとわかるけど、いろんな大人から、

「それはやめたほうがいい」

とか、友達からも、

「そんなことやって何になるの？」

って言われると思う。それくらいデカいほうがいい。

さらに言うと、「みんながわからないもの」のほうが美しい。

もし、8割くらいの人が「それいいじゃん」ってなるとするならば、それってみんなが体験したことがあるってこと。

体験したからこそ「いいね」ってなるからね。

正直、それを若い人たちがやる必要はないんじゃないかなって思う。もちろん、それが心からやりたいことならば、やればいい。

大人になればなるほど、大風呂敷が広げられなくなる。

経験を重ねていくと、「これをやったらケガするよね」「これをやったら赤字出るよね」って、「やってもうまくいかないよね」っていうことがどんどんわかってくる。

自分がどれくらいできるのかっていう枠を知ってしまう。

世の中がどういうものかがわかってしまう。

そうすると、その枠を外れるのが怖くなるよね。

「勘違い」とか「わからない」ってのは、挑戦するために必要なもの。

そして、それは若い人たちの資産なんだと思う。

わからないからこそ、すごく大きなことが言えたり、世の中から見たら絶対にできない無謀な挑戦ができる。

成功するかどうかは別として、大風呂敷を広げることはできる。

新しいものとか、すっげえ面白いもの、見たことのないものっていうのは、誰かの無謀な挑戦からしか生まれない。そして、その挑戦がデカければデカいほど、いろんな人の役割を生む可能性がある。

20代のボクが自分の風呂敷をなるべくデカく広げた結果、いまの若者たちの価値観を広げたり、もっと大きな自分の風呂敷を広げていいんだってなれているのであれば、

20代のボクはきっとすごく喜ぶだろう。

ボクに出会ってくれて、

「社会って意外と面白い。大人って面白い。

こんなことまで許されるんだ！」

って思ってくれたらいいな。

そこは、多くの人が語れる部分じゃない。ある程度はみ出した人間じゃないと語れない部分であると思っている。


ボクが広げた風呂敷に入ってきてくれた若い人たちが、次は自分の風呂敷広げて、そこにまた更なる面白いやつが入ってくる。

そうするならば、ねずみ算式に面白いものが世の中にあふれ始める。そういうふうになっていくと最高やな。

だからボクも、「わからない」「勘違い」だらけだった若いときよりも、より強く、大きな、みんなが「やめたほうがいいよ」って言ってくれるくらいの挑戦をしていきたい。

それは、バカでい続ける覚悟みたいなものかもしれない。
デカければデカいほど、その風呂敷には、たくさんの人の居場所ができる。

ボクの大きな挑戦が、生きづらさを感じているハミ出し者の居場所になっていったらいいなと思う。

自分がやること、やったことで、誰かの挑戦を後押しできるなら、それで大コケしたとしても、やる意味があるよね。

25

相手の短所も受け入れる

Topic
25

カッコワルイほうが愛される

日本の空気感は、人に迷惑をかけちゃいけないって感じなので、みんな弱みをなくそうとしたり、隠そうとしたりする。

だけど、重要なのは、それぞれの得意な部分を伸ばすことと、自分が好きなことが何なのかをはっきりさせていくこと。

だって好きなことって、ずっとやっていられるし、楽しいじゃんね。

シンプルに、それが仕事になっていくって最高じゃない?!

ボクらは20年かかったけれど、今それができていて、マジで最高だなって思っている。だから、みんなにもそれをすすめている。

でも、人ってやっぱりカッコつけたいモンだよね。

ボクらの場合、大学を卒業してすぐに起業したから、カッコつけられる余裕なんてまったくなかった。

竹あかりが好きっていう気持ちだけで、つくり続けるしかなかったし、抜け落ちている部分を補完する余裕はなく、弱みはダダ漏れ。

すべてのことを、いろんな人に聞いてやってみるしかなかった。

なので、丸裸だった。見栄もプライドもかなぐり捨てて、挑戦した。

でも、そのおかげで、手伝ってくれる人が現れたり、アドバイスをくれる人にも恵まれた。その結果、たどり着いてみると、なんとなく、うまくいっている。

若いときに、それくらいの挑戦ができると、それがうまくいこうといくまいと、生きやすくなるような気がする。

一旦、うまく突き抜けて仕事になり始めると、そこで突き抜けた仲間と出会い始めるから、やりたいことがやれる速度がグンと上がるよね。

自分にも短所があるし、迷惑をかけるから、相手の短所も受け入れることができるようになる。迷惑をかけられても、それも含めて相手を受け入れることができるようになる。

ボクの竹あかり事業における強みは、「最終的な感動の保証」「作品がここまでいけば、みんなを感動させられる」みたいな部分。

ギリギリのラインを攻める中で、うまくいきそうにないと思える瞬間も、じつは、たくさんある。

ただ、その中でも、やりきれば絶対うまくいくと言い切れる、竹あかり作品に対する説得力みたいなものが、ボクの強みなんだろうな。

ただ、そこまでのやり方とか段取りは、正直、苦手だから、まわりの人たちをヒヤヒヤさせてしまうことが多い。

時間配分とかはよく間違うし、むしろ合ったことがない。そして、感動を保証する最終形態もつくりながら変わったりする。

その、弱みの部分をボクのキャラクターに仕立ててくれている仲間には、本当にありがたいと思っている。

「自分は迷惑をかけないから、オマエもかけてくんな」みたいな空気って、マジで苦しいなって思う。


完璧に執着するあまり、生き苦しくなっているって最悪だ。

そもそも「幸せである」って状態が、いちばん大事だと思うんだよね。


だけど、目指している道が険しすぎて幸せでいられないっていう、本末転倒《ほんまつてんとう》な状態に陥ることってよくある。

そんなときボクは、立川談志《たてかわだんし》先生の言葉を思い出してみる。

「酒が人をダメにするんじゃない。

酒は人がもともとダメなモンだって教えてくれてるんだよ」

この言葉、ほんと好き！

こういう言葉って、生きていくことを楽にしてくれるよね。愛の本質とか人間の本質、ダメな部分も含めて理解するみたいなところにつながっていく。

大人になるにつれて、いつの間にか誰かがつくった人間の完璧像にとらわれてしまう。「大人として、こうあるべき」っていう理想像に縛られて、苦しくなっていく。

だけど、そもそもの前提として「人間はダメなモン」。

そこから始まると、すごく生きやすくなる。

歴史を見ても、何度も戦争を繰り返してしまうくらい、人間って愚《おろ》か。

だからこそ、短所を受け入れることって大事。

できれば、他人の短所をサポートできるくらい長所も伸ばしたいよね。

26

解決できないことは笑いに変える

Topic
26

裏でホメる

「あの人、親生《ちかお》くんのこと、メッチャいいやつって言ってたよ」

って誰かに言われたら、その「あの人」のことグッと好きにならない?!　信用したくならない？

ボクはメッチャなるし、みんなそうだと思うんだよね。

そして、その逆も同じ。裏で「嫌い」って言ってたって聞いたら、こっちも嫌いになっちゃうよね。

自分のまわりにいる人たちが、みんな自分のことを好きでいてくれたら、それってメッチャ幸せだと思う。

ということは、裏でまわりの人のいいことを言いまくって、まわりの人みんなに自分のことを好きになってもらう作戦は間違いない。

それでも気に入らないことや、ムカつくことってあると思う。
でも、それは裏で言わない。直接伝えるってのがいちばんだなって。

ボクらが竹あかりを教わった大学の先生に、「君たちが竹あかりでお金を稼ぐことで、自分の作品まで、お金のためにやっていると思われる」と言われたことがあった。そのときは正直、超ムカついたし、「なんやねん」と思ったけど、まわりの人たちに、その先生の悪口を言うことはしなかった。

むしろ、「ボクたちは先生に育ててもらった。先生の最高傑作は、ボクら、ちかけんだと思います」みたいなことを、ずっと言っていた。

そうしたら、まわりが先生に対して、「親生くんたちは、メッチャ先生のことをリスペクトしているよ」って伝えてくれて、いつしか先生の心は解けて、また仲良くなれたのよ。

そのときにボクらが裏で、「アイツ、マジくそだな」みたいな話をしていたら、たぶん今でも喧嘩《けんか》していると思う。そういうことの延長線上に、「世界平和」っていうものがあるんじゃないかな。

嫌なことは直接言ってくれて、裏では、自分のことをすごくよく言ってくれてるって状況を想像してみると、そういう人って信頼できる人だと思わない？　ボクはそんな人間でありたいなと思っている。

でもどうしても嫌な部分が目につくことってある。

そのときに重要になるテクニックが、ボクが大好きな友人の一人、澤田智洋くんが出した『ホメ出しの技術』（宣伝会議）っていう本に書いてある。

「ダメ出し」じゃなくて「ホメ出し」。

目についた嫌な部分を、一回頭の中で変換して伝える。

たとえば、「オマエ頑固だな」を「オマエ意志が強いね」とか、「オマエ口数多いわ」を「喋《しゃべ》りがうまいね」とか。それができるようになると、もはや悪口なんて存在しなくなる。

愚痴をこぼしたくなるような気持ちを解消するためには、その人たちとの関係をよくするっていうことではなくて、そういったネガティブをポジティブに変えていく、クリエイティブさが必要なんだと思う。

裏で流すのは陰口ではなく、ホメ言葉。嫌なことは直接言って、その場で解決。解決できないことは笑いに変える。完璧これだよ。

きっと、そんな人のまわりには素敵な人が集まってくるよね。

完璧にやることは難しいかもだけど、いろんなことを、少し意志を持って続けて習慣にしていければ、ありたい自分にはなれる。

ボクのまわりには、メッチャ素敵な仲間がたくさんいるんだけど、きっとこういう意識のおかげだと思うんだよね。

27

稲妻が落ちたところは豊作になっていく

Topic 27

稲妻の法則

ボクは、ボクが知らないってことを知っている。

ボクは、ボクができないってことを知っている。

そして、知らないけどできる方法、できなくても結果を出す方法も知っている。

知る努力や、できるようになる努力をしないわけではなくて、両方やりながらも、まだまだ先にいけるって、自分の伸び代を信じ続ける覚悟がある。


ボクは基本的に傲慢だから、絶対にできると思ってやってはいる。

だけど、それでもやっぱり、自分じゃどうしようもないぐらいの失敗にたどり着いたりする。それは自分の力以上の仕事をやろうとしたときに起こってくる。

その失敗を終えて、

「どうやったらうまくいったんだろう」

「次はどうやってうまくいかせるんだろう」

って考えたときに、できる人の力を借りることが、それができるようになる1番の方法だと思った。

それがいちばん速いし、クオリティの高い仕事ができる。

自分にはできなくても、誰かの力を借りてやり続けるっていうところが面白さにつながってくるよね。

そうなるためには、満遍《まんべん》なく何かができる人になるよりも、何か1か所飛び抜けている人であるほうが、それぞれのできる人とつながりやすい気がする。

20代は体力を使ってがむしゃらにやって、そこで手に入れたスキルで、30代はしっかりやる。そして、そこでつながったできる人たちと40代は一緒に組んでやっていく。

ボクの40代は始まったばかりだけれど、いろいろな人と組めるようになったから、いろいろなことの速度がグンと上がった。

ここからさらにスピードを上げて、やりたいことや、やらなきゃいけないこと、想像もしなかったことを形にしていきたい。

いま、これを読んでくれているあなたとも、何かできれば嬉《うれ》しい。

まわりを巻き込めれば、なんだってできる。

ボク自身の「知ってる」「できる」に限界はあっても、ボク自身がやれることには限界はないと思っていたい。

自分が無意識につくる自分の限界は、無理やり壊していく。

自分の可能性を自分で決めないために、頼まれた仕事はすべてやってみるし、絶対にその仕事の中に、何かしらチャレンジを入れていく。

訳のわからないものにも挑戦してみる。

それは、キックボクシングの試合にいきなり出たり、サハラ砂漠マラソンをいきなり走りに行ったり。そういったことをやりながら、意識的に自分の限界への認識をバグらせていく。

そうしていくと、自分でも気づけなかったような才能が、いきなり出てきたりする。

ボクは、何かに対して知らないことはたくさんあるけれど、知らないからってやりたいことを諦《あきら》めたことはない。

ボクはできないことはたくさんあるけど、できないって理由でやらなきゃいけないことをやらなかったことはない。

自分のボーダーラインをバグらせながら、そして、誰かの力を借りるというスキルを持って、限界をつくらずに挑戦し続ける。

そういえば、外所《とどころ》一石《いっせき》さんが、

「親生は稲妻のようにうるさいし、訳わからん、そういったイメージはあるけれども、そういう場所にこそ、いろんなものが豊作になる力が宿っている。だから、親生のまわりにはいろんな人がいて、いろんなことが起きているんだと思うよ」

って言ってくれた。

「稲」の「妻」と書いて、「稲妻」。

稲妻が落ちたところは豊作になっていくという。

嬉しさと同時に、「稲妻」に相応《ふさわ》しく、ただうるさいだけじゃなくて、そこに何が起こるような存在になっていきたい。

そして、そのもらった言葉が、さらにボクの人生の主人公をボクにしていく。

ボクの人生だけでなく、誰かの人生も豊穣《ほうじょう》にさせられるように。

28

社会に求められることをやればいい

Topic
28
お金は勝手に降ってくる

「親生は、お金に困ったことある？」
世界のお金を扱ってきた玉《たま》木《き》直《なお》季《き》さんに聞かれた。
そして、この問いに対してボクは少し考えて、「困ったことない」って答えた。
もちろん会社をつくったとき、お金がないときもあった。しかも、割と長い時間。
ただ、困ったことはない。
お金がないならないで、やれる方法を考えればいいだけだから。

たとえば、住むとこ。

日本には「タダで寝床を貸すよ」ってところが、じつは、たくさんある。

そして、食べ物。意外と知られてないけど、その辺の雑草でも、食べられるものはたくさんある。実際、食べていたときもあるし、いまはそれを美味しくしてくれる料理家とも出会って、いい感じで食べている。

そうやって、お金がなくてもどうにかして生きてきた経験が、どうにでもできるっていう自信につながり、いい感じに人生を加速させてくれている。

でも、いざ世の中に出てみると、お金に振りまわされて困っている人はたくさんいるよね。だけど、そんな時代はもう古いって思う。

お金がある＝幸せ。
そんな幸福感のあり方は、もう終わっているって、みんな気づき始めている。

世界銀行が定める貧困の数字がある。

アフリカの、社会と離れて暮らしている人たちは、もちろんその数字を満たしてはいない。だけど毎日笑顔で暮らしているし、お金や仕事が理由で自殺することもない。

だから、

お金がない＝貧困
っていう方程式は成り立たない。

ボクらも会社を設立した当初、何もなくても毎日笑顔で仕事をしていたし、プライベートも楽しめていた。

大切なのは、お金に対する世間の概念から抜け出して、自分の幸せって何なのかをもう一度確認することなのかもね。ボクたちが、お金がなくても楽しくやれるよ、そういう方法もあるよ、そもそもお金ってそんな感じじゃなかったよね、っていうメッセージを伝えていければいいな。

社会には、お金は豊富にある。

そして大事なところは、「社会の」お金ってとこ。

「お金欲しいなあ」という若い人によく会うのだけど、そういうとき、まずはその人に「何に使うの？」って聞いてみる。

すると、「○○が欲しい」「旅行に行きたい」と、いろいろ出てくる。

さらにそれを深掘って、

「それを手に入れて何するの？」

「その場所に行ってどうなるの？」

って質問を続けていくと、その人がお金を持つ資格があるか、ないかがわかる。

そのお金を持つ資格がない人は、どこまで質問をしても、自分の欲求を満たすことばかり。だけど、そのお金を持つ資格がある人は、深掘りしていくと、どこかで社会の大義とつながる。

やりたいことがあって、それが社会の大義へと一致したときには、自《おの》ずと社会からお金は降りてくる。

ってのがボクの持論。

反対に集まらないときは、そのプロジェクトは社会にとって求められてないから、その規模でやる必要がないってこと。

社会にとって必要であれば集まるし、必要でなければ集まらない。

そういった「お金の性格」を少なからず理解していくことで、お金に困らない状況をつくることができた。

自分のことしか考えていなかったら、世の中の資源をめぐって争いは起き続ける。

でも、分け合える感覚をみんなで持つとするならば、それは無限に、いや無限以上の価値を、ボクらは手に入れることができる。

必要なところに資源は集まっていくのだ。

29

小さな路地をつくっていこう

Topic 29

疲れたら別ルートに

人生という道に「路地」をつくれているか？
これが、「人生の綾《あや》」ってやつに効いてくる。
じゃあ、「路地」って何？
その前に「メインストリート」みたいなものがあるわけ？って話になると思う。

メインストリートってのが、ボクの中では、家と職場。
学生だったら、家と学校。
ボクは、楽しいと思えることを、一緒にいて楽しい人と仕事にしていくっていう感じなので、もうメインストリートも路地もない、グチャグチャなハッピーな感じになっている。

だけど、意外と他のみんなは、メインストリートのみで生きている人が多い。そうなると、家が嫌になったり、仕事が嫌になったりしたときに、逃げ場がないよね。それでみんなキツくなって、精神的に落ち込んだりする。

日本人って真面目だから、自分のせいって背負い込んで、死んじゃったりする。それが年間2万人以上もいるんだから、それは何とかしなくちゃねって思う。

その一つの救いの言葉として、「疲れたら別ルートに」って伝えたい。

みんな「自分の道の正しさ」を証明したいから、「他のことやっていないで、ちゃんとやらないと」とか、「それダメだよ」みたいなことを言ったりする。

でも、それが正しいかどうかはわからないよね。

だから、そんなの全無視でいい。

自分が気持ちいいことが、いちばん正解に近い。

脇道に逸《そ》れるって、素敵なこと。


なかなか好きなことさえも自分でわかんないときも多いし、タイミングもある。

「やりたい」「これが好き」と感じるなら、それに飛び込んでいくべきだよね。

そして、それをチョイスして許される環境をつくっていくことも重要。

そういうチームをボクはもうつくったから、疲れようがない。

どんどんルート変えながら、自分のそのときのベストだったり、楽しいをつくっていけるようなチームであり続けたいと思っている。

おわりに
――これからの自分を楽しんでいこう

自分のメインストリートから、いきなり別ルートをつくるのって大変。

だから、「路地」みたいな、逃げ込める小さい小道をたくさんつくっておく。それくらいでいいんじゃないかな。

旅をしてみたり、よくわからない友達の誘いに乗ってみたり、やったことないことをやってみたり。

できれば、いままでの自分だったらしなかった判断をしていくのがいいね。

そうすることで、自分の人生になかった路地ができていく。

メインストリートに疲れたとき、そんな別ルートが救いになったりするし、その路地が新しいメインストリートになったりもする。

何かの組織に入るってことは、その組織に従わなければならない部分が、少なからずある。それで自分の感情を押し殺さなければいけない時間が長いと、自分の感覚すらわからなくなる。

だから、日頃から仕事だけじゃなくて、いろんなところに顔を出す、自分が知らない未知の世界に対してアプローチをしていくことが重要。

大人になってくると、自分にはこの道しかないって思いがちだけど、きっとまだまだいろんな道がある。

そんな可能性を信じて生きていきたいよね。

著者プロフィール

池田親生 （いけだ・ちかお）

竹あかり演出家
1982年、福岡県生まれ。2007年、三城賢士とともに「竹あかり」の演出制作・プロデュース会社「CHIKAKEN（ちかけん）」を設立。「まつり型まちづくり」の考えをベースに、竹のあかりのオブジェをつくり、「人と人・人とまち・人と自然」をつなぎ、その場所にしかない風景を紡ぐ。環境循環する一連を作品とし、「竹あかり」が新たな日本の「文化」として受け継がれることを目指す。九州を中心に増えすぎた竹害と呼ばれる竹を使い、あかりのオブジェづくり、それを土に還す一連の流れを作品づくりとし、その「竹あかり」が新たな日本の「文化」として受け継がれることを目指す。2004年から携わる「熊本暮らし人まつり みずあかり」は、毎年延べ人数6000名以上のボランティアとともに、18万人が訪れる熊本の秋の風物詩になっている。2016年5月開催のG7伊勢志摩サミットでは、配偶者プログラムの夕食会場を演出。竹あかりのランプが各国首相配偶者のお土産にもなる。「竹あかり」を広げるべく、地域と協働でつくり上げるまつりを全国各地、そして世界で手がけている。2019年、総務省地域創造力アドバイザーに選ばれる。MBS「情熱大陸」、日本テレビ「未来シアター」、BSフジ「一滴の向こう側」、テレビ東京「所さんの学校では教えてくれない そんなトコロ!」にも取り上げられるなど、メディア出演多数。

ちかけん公式ホームページ
https://chikaken.com/

バカになる勇気
――資本主義を無視して豊かになる29の方法

2024年2月15日　第1刷発行
2024年4月20日　第3刷発行

著　者　池田親生
発行者　櫻井秀勲
発行所　きずな出版
東京都新宿区白銀町1-13　〒162-0816
電話 03-3260-0391
振替 00160-2-633551
https://www.kizuna-pub.jp/

印　刷　モリモト印刷
企画/編集協力　長倉顕太、外所一石
ブックデザイン　福田和雄（FUKUDA DESIGN）

©2024 Chikao Ikeda, Printed in Japan
ISBN978-4-86663-228-5

人生を変える羅針盤

『仕事は君を幸せにする』

浜口隆則

「幸せとは何か」「自分とは誰か」

「経済とは？」「お金とは？」「仕事とは？」

「会社とは？」「人生とは？」

７つの質問が「仕事観」をガラッと変える！

1760円（税込）

『口ぐせで人生は決まる』

中島輝

こころの免疫力を上げる言葉の習慣
「疲れた」「どうせ」「でも」……こんな言葉、クセになっていませんか
なにげない一言を替えていくことで自己肯定感を取り戻す
「最高の自分で生きよう」
1540円（税込）

『ＲＥＳＥＴ』

井上裕之

新しい自分を「再起動」する方法
なぜ、いままで変わることができなかったのか
潜在意識を書き換える究極のメソッド
1650円（税込）

きずな出版
https://www.kizuna-pub.jp